Britta Kummer
Christine Erdiç

Happy Halloween
-
Kulinarischer und literarischer Gruselspaß

Satz: Britta Kummer, Christine Erdiç
Covergestaltung: Britta Kummer, Christine Erdiç

Webseiten:
http://brittasbuecher.jimdofree.com/
http://christineerdic.jimdofree.com/

Illustrationen Coverbild http://pixabay.com/
Fotos © privat

ISBN: 978-3-7578-2686-4

© 2023 Herstellung und Verlag:
BoD – Books on Demand,
Norderstedt
www.bod.de

Bibliografische Information der Deutschen Nationalbibliothek:
Die Deutsche Nationalbibliothek verzeichnet diese
Publikation in der Deutschen Nationalbibliografie;
detaillierte bibliografische Daten sind im Internet über
http://dnb.dnb.de abrufbar.

Britta Kummer
Christine Erdiç

Happy Halloween
-
Kulinarischer und literarischer Gruselspaß

INHALTSVERZEICHNIS

Dieses Buch hat keine Fotos zu den einzelnen Gerichten. Es wurde bewusst darauf verzichtet, um die Druckkosten niedrig zu halten und Ihnen das Buch preiswert anbieten zu können.

Ebenso gibt es keine Nährwertangaben, da diese auf fast allen Lebensmitteln angegeben sind.

Alle Rezepte in diesem Buch sind für zwei Personen, sofern nicht anders genannt.

Wir schälen die Paprika vor dem Verzehr, da uns die Paprika ohne die harte Schale besser schmeckt. Das ist aber nicht erforderlich und muss jeder selbst für sich entscheiden. Man kann die Haut der Paprika bedenkenlos essen.

Auch der Hokkaido-Kürbis wird von uns geschält. Aber auch hier ist das nicht notwendig. Die Schale kann bedenkenlos mitgegessen werden.

Natürlich sind für eine Halloweenparty Getränke mit Alkohol interessant und köstlich. Wir haben aber bewusst darauf verzichtet, damit die Rezepte auch für Kinder und Autofahrer tauglich sind.

Vorwort

Ausgehöhlte Kürbisse mit schauerlichen Gesichtern, furchterregende Gestalten, Hexen und Gespenster machen an Halloween die Gegend unsicher.

„Süßes, sonst gibt´s Saures!", klingt es dann durch die Straßen. Auch in Deutschland findet dieses Fest immer mehr Anklang. Überall hat man die Möglichkeit, bei Halloween-Partys seine Verkleidung zum Besten zu geben, andere Leute zu erschrecken oder einfach nur Spaß zu haben.

Doch was wäre eine Halloween-Party ohne gutes Essen und gruselige Geschichten? Natürlich nichts!

Dann nichts wie los und viel Vergnügen bei der gruseligsten Nacht des Jahres.

Happy Halloween!

Wie und wo Halloween entstand

Halloween hat seinen eigentlichen Ursprung in Irland. Das naturverbundene Volk der Kelten feierte am 31. Oktober Samhain, eines ihrer wichtigsten Feste im Jahreskreis. Das Ende der Erntezeit und der Beginn der kalten Jahreszeit wurden zelebriert. Mit dieser Feier endete auch das alte Kalenderjahr. Die Grenzen zwischen den Dimensionen wurden durchlässiger, das Reich der Verstorbenen war plötzlich nah.

Der Mythologie nach suchten die Toten nun ihre eigenen Häuser wieder auf. Die geöffneten Tore der Anderswelt gaben aber auch Feen die Möglichkeit, in dieser Nacht die menschliche Welt zu betreten. Die Feen, die einer Legende nach in uralten Grabhügeln hausten, waren sehr eng mit den Seelen der Toten verbunden.

Zur Abschreckung verkleideten sich die Menschen mit furchterregenden Kostümen und spukten bei Nacht durch die Straßen. Große Feuer wurden entfacht. Speisen und Getränke wurden vor den Häusern und auf den Gräbern der Toten platziert, um die Geister zu besänftigen.

Im 19. Jahrhundert gelangte dieser mysteriöse Brauch durch einwandernde Iren nach Amerika. Dort wurde Samhain zu Halloween, einem eher fröhlichen Fest, an dem Kinder in Monster- und Hexenkostümen von Tür zu Tür ziehen, um mit dem Spruch „Süßes oder Saures" Süßigkeiten zu erbetteln. Vom ursprünglichen Spuk geblieben sind ausgehöhlte Kürbislaternen, Speisen wie Glibberhirn sowie ein wenig Friedhofs-Romantik.

Der Halloween-Kürbis
Als ein Taugenichts namens Jack das Zeitliche segnete, verwehrte Gott ihm den Zugang zum Himmel. Selbst in der Hölle war er nicht

willkommen, denn er hatte auch den Teufel zu Lebzeiten stets übers Ohr gehauen. Mit einer ausgehöhlten Rübe, in dem ein Stück Kohle steckte, machte sich Jack darauf hin auf die Suche nach einer Bleibe.

Die Iren glaubten damals fest daran, dass ein brennendes Stück Kohle in einer Rübe den Teufel und böse Geister fernhalten konnte. So wurde auch dieser Brauch in die USA mitgenommen. Irgendwann wurde die Rübe jedoch durch den dort heimischen Kürbis, der sich zudem besser bearbeiten ließ, ersetzt. Die geschnitzte Kürbis-Laterne wird übrigens Jack O'Lantern genannt.

Rezepte

Wenn draußen kleine Geister, Hexen, Vampire und andere schauerliche Gestalten die Straßen unsicher machen, ist Halloween.

All das geschieht in der Nacht vom 31. Oktober auf den 1. November. Und Sie wissen ja, eine Halloweenparty ohne gruselige Gerichte geht nicht.

Deshalb haben wir hier für Sie ein paar köstlich-schauerhafte Rezeptideen für einen grauenvoll-schönen Abend zusammengestellt. Hier ist für große und kleine Gäste etwas dabei. So wird Ihre Halloweenparty zu etwas Besonderem.

Viel Spaß beim Feiern und Happy Halloween!

Möhren-Glubscher

Zutaten für 2 Personen:
- 2 große Möhren
- 200 g Frischkäse
- 5 schwarze Oliven ohne Kern

Zubereitung:

Möhren in zehn gleiche Scheiben schneiden.

Oliven halbieren.

Auf jede Möhrenscheibe einen Klecks Frischkäse geben und darauf jeweils eine halbe Olive legen.

Monster-Augen

Zutaten für 2 Personen:
- 8 Eier
- 4 schwarze, entkernte Oliven
- 200 g Meerrettichfrischkäse
- 2 EL Milch
- 1 - 2 Prisen Kräutersalz
- 1 - 2 Prisen Cayennepfeffer

Zubereitung:
Eier hart kochen, mit kaltem Wasser abschrecken und abkühlen lassen. Dann schälen, halbieren und die Eigelbe vorsichtig entfernen. Oliven halbieren.

Eigelbe, Meerrettichfrischkäse und Milch verrühren. Mit Kräutersalz und Cayennepfeffer würzen.

Die Frischkäsemasse in einen Spritzbeutel geben. Die Eierhälften damit füllen und mit einer halben Olive in der Mitte garnieren.

Larven-Quark

Zutaten für 2 Personen:
- 150 g geschälte Krabben
- 100 g Magerquark
- 100 g Joghurt
- 1 EL TK Kräuter (Petersilie, Schnittlauch, Dill)
- 1 EL Zitronensaft
- 1 - 2 Prisen Salz
- 2 - 3 Prisen Pfeffer

Zubereitung:
Krabben waschen und trocken tupfen.

TK Kräuter antauen lassen. Dann klein hacken.

Magerquark, Joghurt und Zitronensaft verrühren. Mit Salz und Pfeffer würzen. Nun die Kräuter und Krabben unterheben.

Lucifer-Salat

Zutaten für 2 Personen:
- 150 g Tafelspitz
- 2 rote Peperoni (aus dem Glas)
- 2 Tomaten
- 2 grüne Paprika
- 2 Zwiebeln
- 2 EL Tomatenketchup
- 3 EL Tomatenmark
- 1 TL Sonnenblumenöl
- ½ TL mittelscharfer Senf
- 2 - 3 Spritzer Worcestersauce
- 1 TL Pfefferkörner
- 1 Lorbeerblatt
- 1 - 2 Prisen Salz
- 1 - 2 Prisen Cayennepfeffer

Zubereitung:
Tafelspitz waschen und trockentupfen. Das Fleisch zusammen mit Pfefferkörnern und Lorbeerblatt so lange kochen, bis das Fleisch weich ist. Dann herausnehmen und in feine Streifen schneiden.

Peperoni fein schneiden.

Tomaten waschen, vierteln, Kerne entfernen und das Fruchtfleisch in Würfel schneiden.

Paprika schälen, das Kerngehäuse entfernen und das Fruchtfleisch in Würfel schneiden.

Zwiebel schälen und würfeln.

Tomatenketchup, Tomatenmark, Sonnenblumenöl, Senf, Worcestersauce, Salz und Cayennepfeffer verrühren.

Alle Zutaten in einer Schüssel miteinander verrühren. Den Salat im Kühlschrank ein paar Stunden durchziehen lassen.

Blutsalat

Zutaten für 2 Personen:
Zutaten für den Salat:
- 150 g Nudeln
- 3 Frühlingszwiebeln
- 1 rote Paprika
- 100 g Erbsen (Dose)
- 100 g Mais (Dose)

Zutaten für das Dressing:
- 125 g Joghurt
- 1 EL Zitronensaft
- 1 EL Olivenöl
- 1 - 2 Prisen Salz
- 1 - 2 Prisen Pfeffer

Zusätzlich:
- 50 ml Rote-Bete-Saft

Zubereitung:
Nudeln nach Packungsangabe zubereiten.

Frühlingszwiebeln putzen und in Ringe schneiden.

Paprika schälen, Kerngehäuse entfernen und das Fruchtfleisch in Würfel schneiden.

Mais und Erbsen in einem Sieb abtropfen lassen. Dann alles zusammen mit den Nudeln in einer Schüssel vermengen.

Die Zutaten für das Dressing verrühren, mit dem Salat vermischen und etwa 1 Stunde im Kühlschrank ziehen lassen.

Vor dem Servieren den Rote-Bete-Saft über den Salat gießen, sodass er gut verteilt wird und das Ganze nach Blutflecken aussieht.

Lust auf ein Halloween Gedicht für eine schaurig-schöne Stimmung?

Ich habe dich erwartet ...

Heute Nacht ist Halloween,
am Himmel dunkle Wolken ziehn.
In der Stadt, da ist geschmückt,
hier oben huschen Schatten tief gebückt.
Für die da unten ist alles nur ein Spiel,
doch nicht für mich – ich weiß zu viel.
Rauch steigt auf so grau und dicht,
nein, die Toten fürcht ich nicht.
Schwärze liegt jetzt überm Tal,
Kürbislichter leuchten wieder mal.
Ich blas noch nicht die dunkle Kerze aus,
denn auf dem Tisch steht schon der Leichenschmaus.
Viele Nächte voller Einsamkeit,
wo einst Erfüllung war zu zweit.
Und auf einmal sitzt du hier,
auf dem Stuhl ganz nah bei mir,
wie in längst vergangener Zeit -
mein Besucher aus der Ewigkeit.
Leere Augenhöhlen sehn mich an,
doch ich erkenne dich, du bist mein Mann.
Knochenfinger greifen nach dem Messer.
Aber Tote essen nicht, das weiß ich besser.
Holst du mich wohl in dieser Nacht?
All die Jahre habe ich gewartet und gewacht.
Totenstille – bis auf die Zeiger an der Uhr,
und die zählen die vergangenen Sekunden nur.

Wozu brauchen wir gesprochene Worte,
Gedanken übermitteln wir an diesem Orte.
Sekunden werden zu Minuten und zu Stunden,
wir haben uns auch dieses Halloween gefunden.
Nur kurze Zeit, das weißt auch du.
Mit dem dritten Gong endet unser Rendezvous.
Der Stuhl ist plötzlich leer,
nun sitzt du dort nicht mehr.
Jedes Jahr darf ich dich einmal sehn,
bis es für mich Zeit ist, auch zu gehn.
Langsam puste ich die Kerze aus,
dein Geruch schwebt noch im Haus.
Deine Gruft, sie ist nicht weit von hier,
und die Menschen haben Angst vor mir.
Soll ich sie verfluchen
oder lieber mal besuchen?
Vielleicht klopfe ich diese Nacht noch an dein Fenster
und spuke kichernd wie sonst nur Gespenster.
Wenn die Toten durch die Straßen ziehn,
dann ist Zeit für Halloween.

Weiter geht es mit Gruselrezepten für die Nacht des Schreckens!

Anti-Blutsauger-Suppe

Zutaten für 2 Personen:
- 4 Knoblauchzehen
- 3 grüne Paprika
- 3 EL frisch gehackte Petersilie
- 400 ml Gemüsebrühe
- 3 EL Ajvar
- 2 EL Olivenöl
- 1 TL Chiliflocken
- 2 EL Saure Sahne
- 1 - 2 Prisen Salz
- 2 - 3 Prisen Pfeffer

Zubereitung:

Knoblauchzehen schälen und grob hacken.

Paprika schälen, Kerngehäuse entfernen und das Fruchtfleisch in kleine Würfel schneiden.

Olivenöl in einem Topf erhitzen und Knoblauch sowie Paprika darin zusammen mit dem Ajvar anschwitzen.

Gemüsebrühe zufügen, aufkochen und bei schwacher Hitze etwa 10 Minuten köcheln lassen.

Chiliflocken und saure Sahne unterheben. Mit Salz und Pfeffer würzen und noch 5 Minuten köcheln lassen.

Suppe in Teller füllen und mit Petersilie bestreut servieren.

Feurige Blutsuppe

Zutaten für 2 Personen:
- 200 g Gehacktes (für Vegetarier 200 g Veggie-Hack)
- 1 Knoblauchzehe
- 2 Zwiebeln
- 1 rote Paprika
- 200 ml milder Tomatensaft
- 200 ml scharfer Tomatensaft
- 2 EL Paprikapaste
- 2 EL Rapsöl
- 1 Msp Tabasco
- 1 - 2 Prisen Paprikapulver (scharf)
- 1 - 2 Prisen Salz
- 2 - 3 Prisen Cayennepfeffer

Zubereitung:

Knoblauch und Zwiebeln schälen und fein hacken.

Paprika schälen, Kerngehäuse entfernen und das Fruchtfleisch in Würfel schneiden.

Rapsöl in einem Topf erhitzen. Zwiebeln, Knoblauch, Paprika, Gehacktes und Paprikapaste zufügen und anbraten. Mit Paprikapulver, Salz und Cayennepfeffer würzen.

Tomatensaft und Tabasco zufügen, aufkochen und bei schwacher Hitze etwa 10 Minuten köcheln lassen.

Knusprige Kürbisgesichter

Zutaten für 2 Personen:
- 1 Päckchen Fertig-Blätterteig (Kühlregal)
- 150 g Salami Aufschnitt (für Vegetarier: 150 g Veganer Aufschnitt nach Art Salami)
- 150 g geriebener Käse
- 150 g Ajvar
- Plätzchen Ausstecher rund
- Plätzchen Ausstecher Kürbis mit Gesicht

Zubereitung:
Blätterteig ausrollen und runde Formen ausstechen. Die Hälfte der Kreise mit Ajvar bestreichen. Käse darauf verteilen und dann jeweils eine Scheibe Salami darauflegen.

Mit dem Kürbis Ausstecher aus der anderen Hälfte des Blätterteigs Gesichter ausstechen. Nun die Gesichter auf die Salami legen und den Rand fest andrücken. Kürbisse mit Eigelb bestreichen.

Im vorgeheizten Backofen bei 180 Grad etwa 20 Minuten backen.

Die Backzeit kann je nach Ofentyp etwas variieren.

Monster-Bällchen

Zutaten für 2 Personen:
- 250 g Kartoffeln
- 2 rote Chilischoten
- 2 grüne Chilischoten
- 6 EL Paniermehl
- 1 Ei
- 100 g Fetakäse
- ca. 200 g Frittierfett
- 1 TL Salz (für Salzwasser Kartoffeln)
- 1 - 2 Prisen Cayennepfeffer

Zubereitung:
Kartoffeln in Salzwasser kochen, abgießen, pellen und etwas abkühlen lassen. Dann durch eine Kartoffelpresse drücken. Ei sowie 3 EL Paniermehl zufügen und verkneten.

Chilischoten waschen, längs aufschneiden, entkernen und in kleine Würfel schneiden.

Fetakäse zerkrümeln.

Fetakäse mit Chilischoten vermischen und mit Cayennepfeffer würzen.

Kartoffelteig zu Kugeln formen, eine Mulde eindrücken, mit der Fetakäse-Chili-Mischung füllen und wieder verschließen. Mulde fest zusammendrücken und die Kugeln in dem übrigen Paniermehl wälzen.

Frittierfett in einem hohen Topf erhitzen und die Bällchen darin goldbraun backen. Auf Küchenpapier abtropfen lassen.

Augäpfel

Zutaten für 2 Personen:
- 20 Mini-Mozzarella-Kugeln
- 10 entkernte Oliven
- 1 Schlangengurke
- Zahnstocher

Zubereitung:

Mini Mozzarella-Kugeln trocken tupfen.

Oliven halbieren.

Schlangengurke waschen und daraus 1 cm breite Scheiben schneiden.

Auf die Gurkenscheibe eine Mini-Mozzarella-Kugel legen. Eine Olivenhälfte daraufsetzen und mittig den Zahnstocher hineinstecken.

Halloween-Kartoffeln

Zutaten für 2 Personen:
- 3 Süßkartoffeln
- 4 Kartoffeln
- 1 Bund Rosmarin
- 4 EL Sonnenblumenöl
- 1 - 2 Prisen Salz
- 2 - 3 Prisen Cayennepfeffer

Zubereitung:
Süßkartoffeln und Kartoffeln schälen und 5 Minuten vorkochen.

Beide Kartoffelsorten in etwa 1 cm dicke Scheiben schneiden und daraus dann Kürbis Gesichter schneiden. (oder Kartoffelscheiben mit einer Plätzchenausstechform Kürbis ausstechen)

Rosmarin waschen und leicht andrücken.

Kartoffeln und Rosmarin auf einem mit Backpapier ausgelegten Backblech verteilen. Kartoffeln mit Sonnenblumenöl bepinseln und Salz und Cayennepfeffer würzen.

Im vorgeheizten Backofen bei 200 Grad etwa 30 Minuten backen.

Die Backzeit kann je nach Ofentyp etwas variieren.

Wurst-Mumien

Zutaten für 2 Personen:
- 8 Schinken-Würstchen (für Vegetarier: 8 Vegetarische Würstchen)
- 1 Päckchen Fertig-Blätterteig (Kühlregal)

Zubereitung:
Würstchen halbieren.

Blätterteig in etwa 1 cm dicke Streifen schneiden und die Würstchen damit umwickeln.

Würstchen auf ein mit Backpapier ausgelegtes Backblech legen.

Im vorgeheizten Backofen 200 Grad 10 - 12 Minuten backen.

Die Backzeit kann je nach Ofentyp etwas variieren.

Schmeckt warm und kalt.

Fledermausflügel

Zutaten für 2 Personen:
- 500 g Hähnchenflügel
- 1 Knoblauchzehe
- 1 EL mittelscharfer Senf
- 4 EL Sonnenblumenöl
- 1 EL dunkle Sojasoße
- 1 EL Ahornsirup
- 1 - 2 Prisen Paprikapulver (süß)
- 1 - 2 Prisen Salz
- 2 - 3 Prisen Pfeffer

Zubereitung:
Hähnchenflügel waschen und trockentupfen.

Senf, Sonnenblumenöl, Sojasoße und Ahornsirup verrühren. Knoblauchzehe schälen und in die Marinade pressen. Mit Paprikapulver, Salz und Pfeffer würzen.

Die Hähnchenflügel in der Marinade einige Stunden ziehen lassen.

Das Fleisch auf ein Backblech mit Backpapier legen und im vorgeheizten Backofen bei 200 Grad etwa 45 Minuten goldbraun backen.

Die Backzeit kann je nach Ofentyp etwas variieren.

Blutige Finger

Zutaten für 2 Personen:
- 6 Schinken Würstchen (für Vegetarier: 6 Vegetarische Würstchen)
- 12 Mandelstifte
- 100 ml Tomatenketchup

Zubereitung:

Würstchen in der Mitte durchschneiden. An der geschlossenen Stelle mit dem Messer einen Ritz machen und die Mandelstifte hineinstecken.

Die Würstchen auf eine Platte legen. Das Wurstende mit Ketchup übergießen, so dass es blutig aussieht.

Etwas Spaß muss sein

Mit Witzen über Vampire, Hexen, Geister, Skelette und Zombies wird Ihre Halloween-Party gleich noch einmal so lustig. Da darf es auch gern mal ein wenig makaber zugehen.

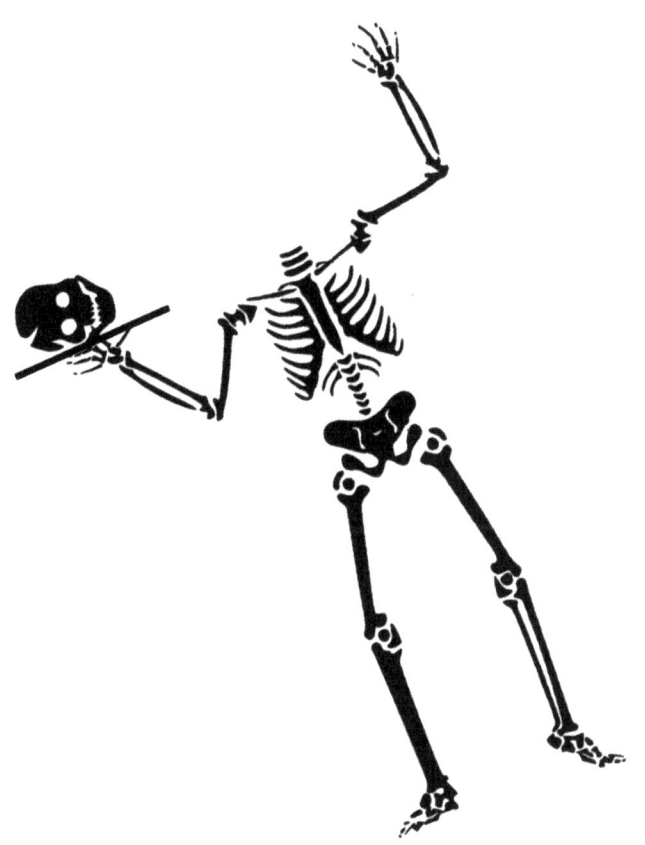

Was macht ein Vampir, der keine Zähne mehr hat?
Er steigt auf Tomatensuppe oder Tomatensaft um.
Schmeckt vielleicht nicht so gut, aber Hauptsache rot.

Ein Vampir, der auf einem Tandem Schlangenlinien fährt,
gerät in eine Kontrolle.
Beamter: „Haben Sie was getrunken?"
„Nur zwei Radler."

In der Halloween-Nacht klauen zwei Skelette ein Motorrad.
Da sagt das eine Gerippe: „Warte bitte noch kurz!",
rennt los und holt seinen Grabstein.
Fragt das andere Skelett erstaunt: „Was willst du
denn damit?"
„Ich fahre zwar ein geklautes Motorrad, aber denkst du, ich fahre
damit ohne Papiere?"

Was macht ein Zombie in der Disco?
Natürlich tanzen, bis die Fetzen fliegen.

Gehen zwei Männer an Halloween nach Hause.
„Stell dir vor, wir treffen gleich auf einen Zombie. Die
fressen dann unsere Gehirne und alles."
„Gehirne? Keine Sorge, dann passiert dir ja schon mal nichts."

Ein Skelett zum anderen: „Ich hätte mal wieder Lust auf ein bisschen
Entspannung am Strand."
„Lieber nicht. Da haben wir uns doch schon das letzte Mal bis auf die
Knochen blamiert!"

Es klingelt an der Tür.
Herr Meier öffnet.
„Gib mir Saures" ertönt es.
„Das heißt gib mir Süßes sonst gibt es Saures."
„Sorry, ich bin Diabetiker."

Geht ein Vampir zum Bäcker und bestellt sich ein Brötchen.
„Wozu brauchen Sie denn das?", fragt der Bäcker.
„Drüben an der Kreuzung ist ein Unfall. Dahin will ich etwas
dippen gehen."

Weiter geht es mit köstlich-schauerhaften Rezeptideen!

Grünspan-Omelett

Zutaten für 2 Personen:
- 4 Eier
- 2 grüne Paprika
- 1 - 2 TL Wasabipaste
- 2 - 3 EL Olivenöl
- 2 Prisen Kräutersalz
- 2 - 3 Prisen schwarzer Pfeffer

Zubereitung:
Paprika schälen, Kerngehäuse entfernen und das Fruchtfleisch in sehr kleine Würfel schneiden.

Eier mit der Wasabipaste vermischen und mit Kräutersalz sowie Pfeffer würzen.

Olivenöl in einer Pfanne erhitzen und die Hälfte der Paprika andünsten. Nun die Hälfte der Eimasse gleichmäßig darauf verteilen und mit geschlossenem Deckel ca. 5 Minuten stocken lassen. Omelett umdrehen und fertig backen.

Vorgang wiederholen und ein zweites Omelett backen.

Totenköpfe

Zutaten für 2 Personen:
- 240 g Maisgrieß (Polenta)
- 1 - 2 Prisen Salz
- 2 EL Olivenöl
- 100 g geriebener Parmesan
- Ausstechform Totenkopf

Zubereitung:
Maisgrieß nach Packungsangabe zubereiten. Die Masse dann dünn auf ein mit Backpapier ausgelegtes Backblech streichen und erkalten lassen.

Totenköpfe ausstechen, mit Olivenöl bestreichen und Parmesan bestreuen.

Im vorgeheizten Backofen bei 180 Grad backen, bis der Käse knusprig ist.

Schmeckt warm und kalt.

Wurm-Frikadellen

Zutaten für 2 Personen:
- 400 g Hackfleisch (für Vegetarier 400 g Veggie-Hack)
- 1 Zwiebel
- 2 Knoblauchzehen
- 150 g Sojabohnenkeimlinge (Glas)
- 200 g Magerquark
- 2 - 3 EL Sonnenblumenöl
- ½ TL Paprikapulver (süß)
- 1 TL Salz
- 1 - 2 Prisen Cayennepfeffer

Zubereitung:
Sojabohnenkeimlinge in einem Sieb abtropfen lassen.

Zwiebel und Knoblauch schälen und fein hacken.

Hackfleisch, Zwiebel, Sojabohnenkeimlinge und Magerquark vermischen. Mit Paprikapulver, Salz und Cayennepfeffer würzen.

Sonnenblumenöl in einer Pfanne erhitzen. Hackmasse zu Frikadellen formen und bei mittlerer Hitze von beiden Seiten goldbraun durchbraten.

Bluthirn

Zutaten für 2 Personen:
- 1 kleiner Blumenkohl
- 3 EL Tomatenmark
- 2 EL Paprikapaste
- 150 ml flüssige Sahne
- 1 EL Milch
- 1 TL Paprikapulver (süß)
- 2 - 3 TL Salz für das Kochwasser (Blumenkohl)
- 2 - 3 Kräutersalz
- 2 - 3 Prisen Pfeffer

Zubereitung:
Blumenkohl von den grünen Stielen befreien und im Ganzen etwa 20 Minuten in Salzwasser garen.

Tomatenmark, Paprikapaste, Sahne und Milch verrühren. Dann in einem Topf erwärmen, nicht kochen. Mit Paprikapulver, Kräutersalz und Pfeffer würzen.

Blumenkohl auf einem Teller anrichten und mit der Soße übergießen.

Spinnen-Würstchen

Zutaten für 2 Personen:
- 150 g Spaghetti
- 4 dünne Bockwürstchen (für Vegetarier: 4 vegetarische Würstchen)
- Etwas Tomatenmark aus der Tube

Zubereitung:

Bockwürstchen in fingerdicke Stücke schneiden.

Spaghetti in der Mitte durchbrechen. Dann jeweils 4 Stücke vorsichtig durch eine Würstelscheibe stecken.

Wasser in einem Topf zum Kochen bringen und die Wurst-Nudeln darin etwa 10 Minuten kochen.

Mit dem Tomatenmark Augen auf die Würstchen malen.

Tipp: Die Spinnen-Würstchen auf einem Salat platzieren.

Glubschaugen

Zutaten für 2 Personen:
- 300 g entsteinte Litschis
- 1 Päckchen Pistazienpuddingpulver
- 100 g blaue kernlose Weintrauben

Zubereitung:
Litschis in einem Sieb abtropfen lassen.

Weintrauben waschen, trocken tupfen und jeweils eine Traube in die Mitte der Litschis stecken.

Pistazienpudding nach Packungsangabe zubereiten und in eine flache Schüssel füllen. Dann die Augen bis zur Hälfte in den Pudding stecken.

Bis zum Verzehr in den Kühlschrank stellen.

Würmer-Glibber

Zutaten für 2 Personen:
- 1 Päckchen Götterspeise Himbeergeschmack
- 150 g Lakritzschnecken

Zubereitung:

Götterspeise nach Packungsangabe zubereiten und in Schalen füllen.

Die Lakritzschnecken auseinanderziehen und dann in die flüssige Götterspeise geben.

Schalen mehrere Stunden im Kühlschrank durchkühlen lassen. Dann kurz in ein heißes Wasserbad geben und den Inhalt auf Teller stürzen.

Spinnen-Pudding

Zutaten für 2 Personen:
- 1 Päckchen Schokopudding
- 150 g Lakritzschnecken

Zubereitung:

Schokopudding nach Packungsangabe zubereiten. Dann in Schälchen füllen.

Lakritzschnecken auseinanderziehen und ein Spinnennetz daraus formen. Dieses auf den erkalteten Pudding legen.

Wurm-Erde

Zutaten für 2 Personen:
- 1 Päckchen Karamellpudding
- 150 g Schokokekse
- 150 g Fruchtgummi Würmer

Zubereitung:
Karamellpudding nach Packungsangabe zubereiten. Den noch warmen Pudding in eine flache Form füllen und dort abkühlen lassen.

Schokokekse zerbröseln und über die Puddingoberfläche streuen. Nun die Fruchtgummi Würmer darauf verteilen.

Ungeheuer

Zutaten für 2 Personen:
- 1 Päckchen kleine Schokoküsse weiß, zartbitter und Vollmilch
- 40 g weiße Kuvertüre
- 40 g dunkle Kuvertüre

Zubereitung:
Kuvertüre getrennt voneinander schmelzen lassen.

Je einen kleinen Gefrierbeutel damit füllen, verschließen, eine ganz kleine Ecke des Beutels abschneiden und die Schokoküsse mit lustigen oder gruseligen Gesichtern verzieren.

Kakerlakensnack

Zutaten für 2 Personen:
- 12 Hanuta minis
- 100 g Zartbitterschokolade
- 12 Pekannüsse
- Zahnstocher

Zubereitung:
Zartbitterschokolade im Wasserbad schmelzen.

Jeweils mit einem Klecks Schokolade die Pekannüsse auf die Hanuta minis kleben.

Einen Zahnstocher in die restliche Schokolade tunken und damit an der Nuss Kakerlakenbeine malen.

Gruselbretzel

Zutaten für 2 Personen:
- 20 kleine Salzbretzel
- 200 g weiße Kuvertüre
- 40 Bunte Kuller-Augen aus Zucker

Zubereitung:
Kuvertüre im Wasserbad schmelzen. Diese etwas abkühlen lassen und nun die Bretzel hineintunken.

Bretzeln auf ein Küchenbrett legen. Die Kuller-Augen auf die noch weiche Kuvertüre drücken. Die Gruselbretzel vor dem Verzehr richtig trocknen lassen.

Der Fluch

Glauben Sie an Flüche? Nein? Vielleicht ändern sie ja Ihre Meinung, wenn Sie diese Geschichte gelesen haben.

Es war eine stürmische Nacht, kalt und regnerisch. Als es an der Tür klopfte, sah Carlos unwillig von seiner Zeitung auf. „Celine, kannst du bitte nachsehen, wer uns zu so später Stunde noch stört?"

Seine Frau saß seit Stunden an der Nähmaschine und seufzte. „So wird der Umhang für Simon nie rechtzeitig fertig."

Doch dann erhob sie sich und öffnete die Tür.

„Carlos, komm doch bitte mal!" Im Türrahmen stand eine vom Alter gebeugte Frau in einem sehr fadenscheinigen Kleid. Sie zitterte vor Kälte.

„Liebe Leute, habt ihr ein Stück Brot für mich oder einen Mantel?"

„Wir geben keine Almosen", sagte Carlos hart. „Wir haben drei Mäuler zu stopfen, uns hilft auch niemand", bestätigte Celine.

Der Blick der Alten streifte den Flur, das elegante Wohnzimmer und folgte dann der langen gewundenen Treppe nach oben, wo die Schlafzimmer lagen. An der Wand prangte das wertvolle Familienportrait in Öl, das eine hübsche Stange Geld gekostet hatte.

„Ach ja, die armen Kleinen. Wir wollen doch nicht, dass es ihnen schlecht geht. Aber keine Angst, eines Tages wird sich in ihnen euer edler Charakter für alle sichtbar offenbaren." Das Weib kicherte und wies mit dem spitzen Finger nach oben. „Ja - schon ganz bald wird das geschehen."

Sie schlugen der Frau die Tür vor der Nase zu und hörten ihr irres Lachen, während sie sich schlurfend entfernte.

„War das jetzt ein Fluch?" Besorgt sah Celine ihren Mann an.

„Ach was! Nur so eine armselige Hausiererin, was kann die schon gegen einen Bankdirektor wie mich ausrichten!"

Die Kostüme der Kinder wurden rechtzeitig zu Halloween fertig. Simon wollte als Vampir gehen und sah richtig schmuck in seinem schwarzen Umhang, dem weißen Hemd und dem Zylinder aus. Das Beste aber waren die spitzen Beißerchen.

Muriel war einfach entzückend als Hexe im lila Gewand mit ihrem spitzen Hut und Zauberstab. Der kleine Ben hatte lange überlegt und sich dann dafür entschieden als Teufel zu gehen. „Aber er ist doch so ein lieber Junge, das entspricht so gar nicht seinem Naturell", wandte die Großmutter vergeblich ein. „Kann er nicht als Kater gehen? Er mag doch Katzen."

Doch Bens Entschluss stand fest, und so zockelten die Geschwister los, um an den Türen der Nachbarn zu klingeln. „Süßes oder Saures?", klangen ihre hellen Stimmen durch die Nacht.

Aber plötzlich ertönten furchtbare Schreie. Kurz darauf wurde wie wild an der Haustür gehämmert.

„Lass uns rein, lass uns rein", schrie Muriel.

„Sie sind hinter uns her", weinte Simon. Von seinen spitzen Zähnen tropfte Blut.

„Simon, was ist denn los? Wer verfolgt euch?"

Da waren sie auch schon, die Verfolger.

Anklagend wies die nette Frau Miller mit dem Finger auf Simon. „Er hat mich gebissen. Ein richtiger kleiner Blutsauger ist das!"

„Die Hexe hat das Glas mit den Bonbons zerschlagen - und der Kleine dort ist mit seiner Mistgabel auf meine Frau los ...", sagte Wachtmeister Paulsen.

Carlos sah seine Kinder streng an. „Ben, nimm die Teufelsmaske ab, sofort!"

Er begann daran zu zerren, doch die Maske schien ebenso mit dem Gesicht verwachsen zu sein wie die Hörner mit dem Kopf.

„Lasst ihn in Ruhe!", schrie Muriel. „Ich verfluche euch alle!" Unter ihrem hasserfüllten Blick fiel das kunstvoll gemalte Familienportrait von der Wand und zerbrach auf der Treppe.

„Simon, was ist mit dir?"

Celine versuchte, das Vampirgebiss zu lockern und wurde dabei kräftig in den Finger gebissen.

„Blut", lechzte ihr Sohn. „Ich brauche mehr davon!"

Fassungslos sahen die Eltern, wie ihre Kinder hinter den entsetzten Nachbarn herjagten, die verzweifelt versuchten, ihre Häuser zu erreichen.

„Der Fluch der alten Frau", flüsterte Celine. „Sicher steht sie jetzt irgendwo da draußen und freut sich über unser Leid." Aber es war nicht wirklich etwas zu erkennen, denn das Wetter hatte umgeschlagen. Im wabernden Nebel meinten sie, kuriose Gestalten zu entdecken, die mit langen Armen nach ihnen griffen.

„Das muss ein Albtraum sein", keuchte Carlos kreidebleich.

Doch es war kein Traum. Es war brutale Wirklichkeit. Die Kinder blieben verschwunden.

Und wenn es an Halloween an DEINER Tür klopft, dann denke immer daran: Drei der schrecklichen Gestalten sind echt! Drum überlege gut, ob du öffnest oder nicht.

Das Ganze ereignete sich übrigens an einem Ort, den ich mit Rücksicht auf die dort lebenden Menschen nicht nennen darf und will. Doch das spielt eh keine Rolle, die drei können inzwischen überall sein.

Weiter geht es mit Gruselrezepten!

Spinnen-Cräcker

Zutaten für 2 Personen:
- 20 Partycracker
- ca. 200 g Erdnussbutter
- 20 Salzstangen
- 10 Bunte Kuller-Augen aus Zucker

Zubereitung:
Jede Salzstange in 4 gleichgroße Stücke brechen.

10 Cracker mit Erdnussbutter bestreichen und pro Cracker je 4 Beinchen links und rechts in die Creme stecken.

Den zweiten Cracker obendrauf legen und vorsichtig andrücken.

Je zwei Kuller-Augen oben auf den Cracker kleben.

Glubschis

Zutaten für 2 Personen:
- 16 kleine Schokoküsse (8 helle und 8 dunkle)
- 16 Zuckeraugen
- 1 roter Zuckerstift

Zubereitung:
Oben auf die Mitte der Schokoküsse ein Zuckerauge kleben. Nun mit dem Zuckerstift Adern an die Augen malen.

Blutpopcorn

Zutaten für 2 Personen:
- 150 g Popcorn süß (fertiges Popcorn, Tüte)
- 3 Tropfen rote Lebensmittelfarbe

Zubereitung:
In die Popcorntüte die Lebensmittelfarbe geben und gut durchschütteln. Nun das Popcorn in eine Schüssel füllen und servieren.

Kürbis-Mandarinen

Zutaten für 2 Personen:
- 12 Mandarinen
- 12 Mini-Cornichons
- 100 g Zartbitterkuvertüre

Zubereitung:
Mini-Cornichons in einem Sieb abtropfen lassen und dann trockentupfen.

Mandarinen schälen.

Mini-Cornichons in die Oberseite jeder Mandarine stecken.

Kuvertüre in einem Topf schmelzen lassen und dann in einen Spritzbeutel füllen. Mit der flüssigen Schokolade Kürbisgesichter auf die Mandarinen malen und gut trocknen lassen.

Blutraupe

Zutaten für 2 Personen:
- 125 g kleine grüne Weintrauben (kernlos)
- 300 g Zucker
- 100 g Traubenzucker
- 50 ml Wasser
- 1 kleine Tube rote Lebensmittelfarbe
- 12 Zuckeraugen
- 6 Holzspieße

Zubereitung:
Weintrauben waschen, von den Rispen zupfen und auf 6 Holzspieße stecken.

Zucker, Traubenzucker, Wasser und Lebensmittelfarbe in einen Topf geben und bei mittlerer Hitze unter ständigem Rühren erwärmen.

Weintrauben durch den heißen Zuckersirup ziehen, bis sie vollständig mit der Zuckermasse bedeckt sind. Etwas abtropfen lassen und auf ein mit Backpapier belegtes Blech legen.

Die Traubenspieße etwas antrocknen lassen und dann jeweils auf die oberste Traube zwei Zuckeraugen kleben.

Getränke

Eine Halloweenparty ohne Getränke ist undenkbar.

Und natürlich sind für eine Halloweenparty Getränke mit Alkohol besonders interessant und köstlich. Wir haben aber bewusst darauf verzichtet, damit die Rezepte auch für Kinder und Autofahrer tauglich sind.

Viel Spaß beim Ausprobieren der gruseligen Getränke.

Vampir Cocktail

Zutaten für 2 Personen:
- 400 ml Kirschsaft
- 400 ml Blutorangensaft
- 400 ml Mineralwasser
- 1 Tüte Weingummivampire

Zubereitung:
Kirschsaft und Blutorangensaft vermengen.

Cocktailgläser zur Hälfte mit dem Saft füllen und mit Mineralwasser aufgießen.

Je einen Weingummivampir ans Glas hängen.

Würmer-Blubber

Zutaten für 2 Personen:
- 3 Tropfen grüne Lebensmittelfarbe
- 500 ml Apfelschorle
- 100 g Weingummiwürmer

Zubereitung:
Apfelschorle in eine Karaffe gießen. Nun die Lebensmittelfarbe hineintropfen.

Je einen Weingummiwurm in ein Glas legen und mit der Schorle auffüllen.

Schwarze Hexe

Zutaten für 2 Personen:

- 200 ml Johannisbeer-Nektar
- 20 ml Blue Curaçao Sirup
- Saft einer Zitrone

Zubereitung:

Johannisbeer-Nektar und Zitronensaft vermischen. Nun den Sirup eingießen und leicht umrühren.

Blutkonserve

Zutaten für 2 Personen:
- 4 Knollen frische Rote Bete
- 1 Schlangengurke
- 2 EL Zitronensaft

Zubereitung:
Rote Bete schälen und in grobe Stücke schneiden (Rote Bete färbt, daher unbedingt Einmalhandschuhe tragen)

Schlangengurke putzen und waschen.

Alle Zutaten zusammen in eine hohe Schüssel geben und mit dem Stabmixer fein pürieren.

Masse in Gläser füllen und servieren.

Hexen-Shake

Zutaten für 2 Personen:
- 250 ml Milch
- 2 Kiwis
- 1 EL Agavendicksaft
- 1 Tropfen blaue Lebensmittelfarbe

Zubereitung:
Kiwis schälen und in Stücke schneiden. Dann mit den übrigen Zutaten mixen. Shake in Gläser füllen und servieren.

Warmer Krötenschleim

Zutaten für 2 Personen:
- 500 ml Milch
- 100 g weiße Schokolade
- 3 Tropfen grüne Lebensmittelfarbe

Zubereitung:
Schokolade zerbröckeln.

100 ml Milch in einem Topf erhitzen. Schokolade zufügen und unter Rühren so lange erhitzen, bis sich die Schokolade aufgelöst hat. Restliche Milch zufügen und noch einmal kurz erwärmen, nicht kochen. Nun die Lebensmittefarbe hineintropfen. Und alles noch einmal verrühren.

Milch in Gläser füllen und servieren.

Lust auf etwas Gruselspaß?

Der alte Friedhof

Der Abend war weit fortgeschritten, und der große Zeiger der Uhr in der Küche kroch langsam auf die 10 zu. Monika, Michael und Martina hatten sich die Zeit mit Erzählen von Gruselgeschichten vertrieben und heimlich einen unheimlichen Film im Fernseher angeschaut. Die Eltern waren auf einem Kostümfest, denn heute war Halloween.

„Wie langweilig! Ich wäre auch lieber auf einer Party", murrte die 13 jährige Monika. „Aber ich muss ja auf euch Babys aufpassen!"

„Ach Blödsinn! Ich kann sehr gut auf mich alleine achtgeben, ich bin immerhin schon 9!", eiferte sich ihr Bruder und ballte die Fäuste. Sein Blick fiel auf die 7-jährige Martina, ein zartes Mädel mit blondem Haar.

„Der Film hat mir Angst gemacht", sagte die Kleine leise.

„Wehe, du petzt", fauchte Michael sie an. „Das war doch cool mit den Zombies auf dem Friedhof." Keinesfalls würde er zugeben, dass auch ihm ein Schauder über den Rücken gelaufen war, als die Untoten aus ihren Gräbern kamen.

„Erzählst du uns noch eine Gruselgeschichte?"

Die ältere Schwester schüttelte den Kopf: „Ich habe eine bessere Idee. Kommt mit in den Keller."

Im Keller war es düster und roch muffig. Die Kiste mit den ausrangierten Klamotten war das Ziel der Kinder. Martina zitterte, sie mochte den Keller nicht besonders, seitdem ihr mal eine Ratte über die Füße gelaufen war.

„Hier ist noch mein altes Hexenkostüm", triumphierend hielt Monika ein leicht angestaubtes Kleidungsstück in die Höhe. Im matten Licht der altersschwachen Glühbirne leuchtete es giftgrün auf.

„Das ist dir doch viel zu klein, inzwischen hast du ja ganz schön zugelegt", bemerkte Michael boshaft.

„Dann passt es eben Martina!"

„Super! Ich gehe als Vampir. Ich habe noch einen alten Zylinder und Plastikzähne. Dazu der Umhang von Mama. Ist zwar nicht schwarz sondern nur dunkelblau. Könnte aber gehen!"

„Und ich schminke mich als Katze und klebe Ohren an meinen Haarreifen. Dazu die dunkle Leggins und mein grauer Pullover", entschied Monika. „Aber wir müssen uns beeilen, damit wir rechtzeitig fertig sind!"

„Rechtzeitig? Wozu?"

„Das wirst du dann schon sehen, mein liebes Brüderchen."

Während des Schminkens wurden sie nur einmal gestört. Mama rief an, um zu fragen, ob alles in Ordnung sei. „Schläft Martina schon? Gut! Pünktlich um 11 liegt ihr auch im Bett! Ich verlasse mich darauf!"

Michael kicherte hinter vorgehaltener Hand.

„An Halloween um 11 zu Bett! Wir sind doch keine Kleinkinder!"

Pünktlich um 11 waren sie fertig – allerdings nicht, um ins Bett zu gehen.

„Wo wollen wir denn eigentlich hin?", fragte Michael, als die Haustür hinter ihnen ins Schloss fiel.

„Ihr werdet schon sehen."

Schweigend gingen sie nebeneinander her: Die Katze, der Vampir und die kleine Hexe, die alle paar Schritte über das zu lange Kleid stolperte. Krampfhaft hielt sie sich mit einer Hand an der Schwester fest und mit der anderen den grünen Hexenhut, der ihr im leichten Nachtwind über die Augen zu rutschen drohte.

„Das ist doch der Weg zum verlassenen Friedhof", erkannte Michael, den plötzlich ein ungutes Gefühl beschlich.

„Ganz genau. Erinnert ihr euch an das komische alte Haus dort?" kicherte Monika.

„Da soll es spuken", warf der Junge ein.

„Na, das finden wir ja nun heraus, ob da was dran ist."

Eine Wolke verdunkelte den Mond, gerade als sie das leise quietschende Tor zum Friedhof öffneten.

Martina zuckte zusammen. „Lauf doch vernünftig!", herrschte Michael sie an. „Fast wäre ich über dich gestolpert!" Mit einem Ruck zerrte er an dem Umhang, der sich am Zaun verfangen hatte und nun zerriss. „Oh je, das gibt richtig Ärger! Mamas Tuch!"

„Ruhe, oder wollt ihr etwa die Toten wecken? Sie werden aus ihren Gräbern steigen und …"

Die Siebenjährige schrie auf.

„Etwas hat mich berührt!" Zitternd klammerte sie sich an der Hand der großen Schwester fest.

„Angsthase, Pfeffernase!" Michael tanzte ausgelassen um sie herum.

„Seht doch mal, in dem kleinen Hexenhaus brennt ja Licht", Martina zeigte auf ein winziges Gebäude am Rande des Friedhofs und riss sich aufgeregt los.

„Ich denke, da wohnt niemand mehr!" Monika stutzte.

„Ich sehe kein Licht", behauptete ihr Bruder. „Sie hat sich geirrt!"

„Doch - eben noch, ganz bestimmt. Ich habe es deutlich gesehen!" Suchend sah Monika sich um.

„Wo ist Martina? Ist sie bei dir?"

„Nein, du hattest sie doch die ganze Zeit an der Hand!"

„Jetzt nicht mehr! Wir müssen sie suchen!"

Im Halbdunkel stolperten sie über unebene Wege und riefen. Vergeblich.

„Was machen wir denn jetzt? Hätten wir doch bloß eine Taschenlampe dabei. Ohne die Kleine können wir nicht zurück nach Hause!"

„Sicher sitzt sie hinter einem der Grabsteine und will uns nur erschrecken", suchte der Junge zu beruhigen, aber Monika schüttelte den Kopf: „Dazu hat sie viel zu große Angst."

Plötzlich schrie Michael auf und deutete nach oben. Der Mond war soeben hinter den Wolken hervorgekommen und beleuchtete gespenstisch den Friedhof. Aber das war es nicht, was ihn so erschreckte. Direkt über ihren Köpfen hinweg flog eine unheimliche düstere Gestalt auf einem Besen - nein, es waren zwei, da saß noch jemand mit einem weiten Gewand und spitzem Hut ganz vorne. Und im hellen Mondlicht schimmerte es giftgrün.

Kürbis Gerichte

Kein Halloween ohne Kürbis-Gerichte!

Kürbis-Gerichte gehören zu Halloween einfach dazu. Deshalb haben wir hier für Sie ein paar köstliche Kürbisrezepte zusammengestellt.

Viel Spaß beim Ausprobieren und guten Appetit!

Der Halloweenkürbis trägt den passenden Namen „Ghost Ride" und zählt zu den Speisekürbissen. Er kann also nicht nur zum Kürbisschnitzen verwendet, sondern auch inklusive seiner Schale verspeist werden.

Der Hokkaido-Kürbis ist wahrscheinlich der bekannteste und beliebteste Kürbis. Dieser leuchtend orange Kürbis ist vielseitig verwendbar. Sein Geschmack ist leicht süßlich und mild-nussig. Auch beim Hokkaido kann die Schale bedenkenlos mitgegessen werden. Wer mag, kann ihn zwar schälen, das ist aber nicht zwingend notwendig.

Hier mal ein paar Rezeptideen mit Hokkaido-Kürbis, die nicht nur zu Halloween ein Genuss sind.

Kürbis-Suppe

Zutaten für 2 Personen:
- 250 g Kürbis (Hokkaido)
- 150 g Kartoffeln
- 2 Zwiebeln
- 200 ml Gemüsebrühe
- 100 ml Sojasahne
- 2 EL gelbe Currypaste
- 1 EL Butter
- 1 - 2 Prisen Zucker
- 1 - 2 Prisen Salz
- 2 - 3 Prisen Pfeffer

Zubereitung:
Kürbis schälen, halbieren, die Kerne entfernen und das Fruchtfleisch in Würfel schneiden.

Kartoffeln schälen und ebenfalls würfeln.

Zwiebeln schälen und fein hacken.

Butter in einem Topf erhitzen und die Zwiebeln darin zusammen mit dem Zucker anschwitzen.

Gemüsebrühe, Kürbis, Kartoffeln sowie Sojasahne zufügen und aufkochen. Currypaste einrühren, mit Salz und Pfeffer würzen und alles etwas 20 Minuten köcheln lassen. Dann die Suppe pürieren.

Kürbis-Orangen-Suppe

Zutaten für 2 Personen:

- 400 g Hokkaido
- 100 g Kartoffeln
- 2 Zwiebeln
- 2 EL Kürbiskerne
- 2 EL Butter
- 100 ml Orangensaft mit Fruchtfleisch
- 50 ml Sojasahne
- 200 ml Gemüsebrühe
- 2 EL Blütenhonig
- 1 ½ TL Currypulver
- 1 - 2 Prisen Salz
- 2 - 3 Prisen Pfeffer

Zubereitung:

Kürbis schälen, halbieren, Kerne entfernen und das Kürbisfleisch in Würfel schneiden.

Kartoffeln schälen und würfeln.

Zwiebeln schälen und fein hacken.

Butter in einem Topf erhitzen. Zwiebeln, Kartoffeln sowie Kürbis zufügen, mit Currypulver bestäuben und anschwitzen.

Gemüsebrühe zufügen, aufkochen und bei schwacher Hitze etwa 15 Minuten köcheln lassen. Dann die Suppe pürieren.

Sojasahne, Honig und Orangensaft zufügen, mit Salz sowie Pfeffer würzen und weitere 10 Minuten köcheln lassen.

In der Zwischenzeit die Kürbiskerne ohne Zugabe von Fett anrösten.

Suppe in Teller füllen und mit Kürbiskernen bestreut servieren.

Kürbis-Auflauf

Zutaten für 2 Personen:
- 200 g Kürbis (Hokkaido)
- 100 g Kartoffeln
- 100 g Äpfel
- 25 g Rosinen
- 2 EL gehackte Mandeln
- 80 g geriebener Emmentaler
- 150 ml Sojasahne
- 2 EL Butter
- 1 EL Zitronensaft
- ½ EL flüssiger Honig
- 2 EL Butter
- ¼ TL Zimt
- ¼ TL Muskat
- 2 - 3 Prisen Salz
- 2 - 3 Prisen Pfeffer

Zubereitung:
Kürbis schälen, in Spalten schneiden und in kochendem Wasser etwa 5 - 7 Minuten vorgaren.

Kartoffeln waschen, mit Schale kochen, pellen, abkühlen lassen und dann in Scheiben schneiden.

Äpfel schälen, vierteln, Kerngehäuse entfernen, das Fruchtfleisch in Spalten schneiden und sofort mit Zitronensaft beträufeln.

Rosinen waschen und trocken tupfen.

Kürbis, Kartoffeln, Äpfel und Rosinen in einer gebutterten Auflaufform verteilen.

Honig und Sojasahne vermischen, mit Zimt, Muskat, Salz und Pfeffer würzen und über den Auflauf geben. Mandeln und Emmentaler darauf verteilen und im vorgeheizten Backofen bei 200 Grad etwa 30 - 40 Minuten überbacken.

Die Backzeit kann je nach Ofentyp etwas variieren.

Kürbis-Pizza

Zutaten für 2 Personen:
- 1 Päckchen fertigen Pizzateig (Kühlregal)
- 50 g Kürbis (Hokkaido)
- 2 rote Zwiebeln
- 100 g Äpfel
- 200 g saure Sahne
- 2 EL flüssiger Honig
- 150 g geriebenen Käse
- 2 EL Rapsöl
- 1 - 2 Prisen Salz
- 2 - 3 Prisen Pfeffer

Zubereitung:
Kürbis schälen, halbieren, die Kerne entfernen und das Fruchtfleisch in Würfel schneiden.

Zwiebeln schälen und in halbe Ringe schneiden.

Äpfel schälen, halbieren, das Kerngehäuse entfernen und das Fruchtfleisch würfeln.

Saure Sahne mit Honig verrühren.

Rapsöl in einer Pfanne erhitzen und Kürbis, Zwiebeln und Äpfel darin dünsten. Mit Salz und Pfeffer würzen.

Teig mit Backpapier auf einem Backblech ausrollen. Saure Sahne auf den Teigboden streichen. Kürbis, Zwiebeln und Äpfel darauf verteilen. Mit Käse bestreuen und im vorgeheizten Backofen bei 200 Grad etwa 30 Minuten überbacken.

Die Backzeit kann je nach Ofentyp etwas variieren.

Kürbis-Ketchup

Zutaten für 2 Personen:
- 500 g Kürbis (Hokkaido)
- 200 ml Orangensaft mit Fruchtfleisch
- 50 ml weißer Balsamico
- 100 g Zucker
- 1 EL Ajvar
- ½ TL Currypulver
- ½ TL Zimt
- 1 - 2 Prisen Pfeffer

Zubereitung:

Kürbis schälen, halbieren, die Kerne entfernen und das Fruchtfleisch in Würfel schneiden. Kürbisstücke in Wasser weichkochen. Das Wasser abgießen und den Kürbis pürieren.

Orangensaft, Balsamico, Zucker, Ajvar, Currypulver, Zimt und Pfeffer mit dem Kürbismus vermengen und bei schwacher Hitze etwa 20 Minuten einköcheln lassen.

In heiß ausgespülte Gläser füllen und diese sofort verschließen.

Kürbis-Aufstrich

Zutaten für 2 Personen:

- 400 g Kürbis (Hokkaido)
- 50 g Kürbiskerne
- 50 ml Orangensaft
- 2 EL Olivenöl
- 2 EL flüssiger Honig
- 2 - 3 TL Salz für das Kochwasser (Kürbis)
- 1 - 2 Prisen Cayennepfeffer

Zubereitung:

Kürbis schälen, halbieren, die Kerne entfernen und das Fruchtfleisch in Würfel schneiden. Dann in Salzwasser weichkochen, abgießen und abkühlen lassen.

Kürbiskerne ohne Zugabe von Fett rösten.

Kürbis, Kürbiskerne, Orangensaft, Olivenöl und Honig in einen Mixer geben und grob pürieren. Mit Cayennepfeffer würzen.

Apfel-Kürbis-Marmelade

Zutaten für 2 Personen:
- 1 kg Äpfel
- 800 g Kürbis (Hokkaido)
- 1 kg Gelierzucker 2:1
- 200 ml Apfelsaft
- 1 TL Zimt

Zubereitung:
Äpfel schälen, vierteln und das Kerngehäuse entfernen.

Kürbis schälen, halbieren, die Kerne entfernen und das Fruchtfleisch in Stücke schneiden. Kürbisstücke in einem Topf mit etwas Wasser ca. 10 Minuten dünsten. Dann zusammen mit den Äpfeln in einer Küchenmaschine pürieren.

Die Masse in einen hohen Topf geben und den Gelierzucker, Apfelsaft sowie Zimt zufügen. Zum Kochen bringen und ab dem Siedepunkt unter ständigem Rühren 4 - 5 Minuten sprudelnd kochen lassen.

Topf von der Kochstelle nehmen. Heiße Marmelade in saubere Gläser füllen, verschließen und diese dann direkt auf den Kopf stellen. Bis zum Verzehr die Gläser auf dem Kopf stehen lassen.

Kürbis-Bratling

Zutaten für 2 Personen:
- 400 g Kürbis (Hokkaido)
- 1 Zwiebel
- 2 Eier
- 2 - 3 EL Rapsöl
- ½ TL Currypulver
- 1 - 2 Prisen Salz
- 2 - 3 Prisen Pfeffer

Zubereitung:
Kürbis schälen, halbieren, die Kerne entfernen und das Fruchtfleisch reiben.

Zwiebel schälen und fein hacken.

Kürbis, Zwiebel, Eier, Currypulver, Salz und Pfeffer in einer Schüssel vermengen.

Rapsöl in einer Pfanne erhitzen. Mit einem Esslöffel Häufchen in die Pfanne geben, diese etwas plattdrücken und von jeder Seite etwa 3 - 4 Minuten goldbraun braten.

Auf Küchenpapier abtropfen lassen.

Kürbis-Punsch

Zutaten für 2 Personen:

- 100 g Kürbis (Hokkaido)
- Saft einer Zitrone
- 400 ml Apfelsaft
- 2 EL Agavendicksaft

Zubereitung:

Kürbis schälen, halbieren, die Kerne entfernen und das Fruchtfleisch reiben.

Kürbis, Zitronen- und Apfelsaft sowie Agavendicksaft aufkochen und bei schwacher Hitze etwa 8 - 10 Minuten köcheln lassen. Dann pürieren.

Punsch in Gläser füllen und warm servieren.

Kürbis-Dessert

Zutaten für 2 Personen:
- 200 g Kürbis (Hokkaido)
- 1 Apfel
- 50 ml Vanillemilch
- 25 ml flüssige Sahne
- 100 ml Wasser
- 1 Tütchen Vanillezucker
- 1 EL Zitronensaft
- 20 g gemahlene Mandeln
- 25 g weiße Schokolade

Zubereitung:
Kürbis schälen, halbieren, die Kerne entfernen und das Fruchtfleisch in Stücke schneiden.

Apfel schälen, Kerngehäuse entfernen und das Fruchtfleisch in Würfel schneiden.

Vanillemilch, Sahne, Zitronensaft und Schokolade in einen Topf geben und unter Rühren so lange erhitzen, bis die Schokolade geschmolzen ist.

Kürbis- und Apfelstücke mit dem Wasser in einem zweiten Topf ebenfalls bei schwacher Hitze solange köcheln lassen, bis das Kürbisfleisch weich ist. Wasser abgießen und alles zusammen mit den Mandeln unter die Vanille-Schokomilch heben. Dann alles pürieren.

Masse in Dessertschälchen füllen und erkalten lassen.

Kürbis-Zimt-Muffins

Zutaten für 2 Personen:
- 50 g Kürbis in Stückchen mit Honig (Glas)
- 100 g Joghurt
- 100 g Mehl
- 2 Eier
- ½ Tütchen Backpulver
- 1 Tütchen Vanillezucker
- 1 TL Zimt
- 1 Prise Salz
- Muffin Förmchen

Zubereitung:
Kürbis in einem Sieb abtropfen lassen.

Joghurt, Mehl, Eier, Backpulver, Vanillezucker, Zimt und Salz verrühren. Dann den Kürbis unterheben.

Muffin Förmchen zu ⅔ mit dem Teig füllen. Im vorgeheizten Backofen bei 175 Grad etwa 25 Minuten backen.

Die Backzeit kann je nach Ofentyp etwas variieren.

Etwas Gruseln gefällig?

Das Halloweenhaus

„Bist du dir sicher, dass das der richtige Weg ist?" Vivian sah ihren Freund, der am Steuer des Pickups saß, zweifelnd an.

„Was weiß denn ich? Laut Navi müsste hier jetzt gleich eine Abzweigung kommen." Und da sahen sie es: Das alte Schild mit der Aufschrift LOST VILLAGE.

„Wie einladend", murmelte sie und sank tiefer in das Polster ihres Sitzes, während der Wagen rumpelnd über den Feldweg fuhr.

„Das habe ich befürchtet", seufzte Fred. „Es ist in einem wirklich schlimmen Zustand."

Schweigend betrachtete sie das alte baufällige Haus, das abgelegen am Waldrand lag. Es strahlte irgendetwas Bedrohliches aus.

„Fred, wir sollten lieber …"

„Ach was, mit etwas Farbe bekommen wir das schon wieder hin!"

„Gute Einstellung, junger Mann", keiner von ihnen hatte den Greis kommen hören, der Fred jetzt freundschaftlich auf die Schulter klopfte.

Dann wurden seine strahlend blauen Augen ernst. „Haben Sie das Halloweenhaus gekauft?"

Vivian nickte.

„Ja, leider. Im Prospekt sah es ganz anders aus – nicht so baufällig zumindest."

„Haben Sie Kinder?"

„Noch nicht, aber wir wollen irgendwann welche haben", entgegnete Fred.

„Dann sollten Sie sich unbedingt den Garten anschauen. Er ist ein Paradies für Kinder."

Der Garten war groß und urwüchsig – und das gab den Ausschlag. Sie würden bleiben.

„Wieso heißt es eigentlich Halloweenhaus?", fragte Vivian und runzelte die Stirn.

„Ach, was weiß denn ich? Kann uns doch auch ganz egal sein. Ich mag Halloween. Stell dir das hier mal mit gruseligen Kürbisköpfen und Gespenstern vor dem Eingang vor." Vivian fand es auch so schon unheimlich genug.

Innen war das Gebäude mit seiner riesigen Eingangshalle geräumiger als gedacht. Es gab eine Wohnküche, ein Wohnzimmer mit Essecke, ein Gäste WC, eine Abstellkammer und oben vier Zimmer und zwei Bäder.

„Bis zum Frühjahr haben wir alles renoviert", sagte Fred zuversichtlich.

Es sollte Sommer werden, bis es fertig war. Die Dorfbewohner waren freundlich, aber reserviert. Hin und wieder kamen zwar Kinder vorbei, doch sie verschwanden meist schnell, sobald sich die Tür öffnete. Geradeso, als hätten sie vor irgendetwas Angst. Der Kontakt mit den Erwachsenen hielt sich ebenso in Grenzen.

Eines Tages kam eine alte Frau an die Tür.

„Ich wollte mal nach Ihnen sehen und dabei gleich einen Kuchen vorbeibringen", schmunzelte sie. „Selbstgebacken."

„Kommen Sie doch bitte auf eine Tasse Kaffee herein."

Das Mütterchen nickte: „Ja ja, sie haben es also gekauft, das Halloweenhaus."

„Wieso nennt man es das Halloweenhaus? Die Dorfleute scheinen es oder uns zu meiden."

„Das ist eine lange Geschichte", seufzte die Alte. „Aber nun haben Sie es gekauft – und das ist gut so. Dann lassen sie wenigstens das Dorf in Ruhe."

„Irgendwie ist die doch nicht ganz dicht", bemerkte Fred, nachdem ihr Gast wieder gegangen war.

„Aber ihr Apfelkuchen war vorzüglich", schwärmte Vivian.

„Wen oder was meinte sie mit: Dann lassen sie das Dorf in Ruhe?", sinnierte Fred.

„Ach egal, konzentrieren wir uns lieber auf die Deko für Halloween!"

Das Haus war ein richtiges Schmuckstück geworden.

„Lass uns mal ins Dorf runterfahren, ich brauche noch was vom Gemüsehändler, Fred!"

Im Dorf fragten sie schließlich auch nach Deko für Halloween.

„Wir feiern kein Halloween", der Besitzer des Kramladens sah sie mürrisch an.

„Ja, aber ziehen denn abends keine Kinder in Kostümen durch die Straßen und klingeln an den Türen, um Süßigkeiten zu erbetteln?"

„Hier zieht abends ganz was anderes durch die Straßen. Wer klug ist, bleibt im Haus", brummte der Mann.

„Was sollte das denn nun wieder bedeuten? Aus den Leuten werde ich nicht schlau. Vielleicht sollten wir uns doch nach was anderem umsehen." Kopfschüttelnd startete Fred den Pickup.

„Dann müssen an Halloween eben das alte Skelett mit dem Zylinder und ein ausgehöhlter Kürbis herhalten."

Der Halloween-Abend hatte etwas Düsteres, Unheimliches. Das Dorf lag wie ausgestorben im Dunkel. Einsam leuchteten die Augen des ausgehöhlten Kürbisses neben der Eingangstür. Halloween …

Doch wo waren all die verkleideten Kinder? Anscheinend kam wirklich niemand.

„Der Kerl im Laden hatte Recht", seufzte Vivian. „Wir haben die Bonbons umsonst gekauft."

„Nein, hatte er nicht! Schau doch! Da kommen welche den Weg hoch!"

„Wird auch Zeit, es ist gleich Mitternacht, Fred."

Vivian sah durchs Fenster. Fahles Mondlicht fiel auf bleiche Gestalten. Fast wie Skelette sahen die aus.

„Tolle Kostüme, vor allem der erste da vorne. Hat der Hörner?"

„Ich gehe schon mal den Topf mit den Süßigkeiten holen!"

Es klopfte an der Tür, und Fred öffnete. Entsetzt starrte er in eine teuflische Fratze mit glühenden Augen. Dieser furchtbare faulige Gestank, das waren keine Kostüme. Die bleichen Gestalten schienen direkt den Gräbern entstiegen zu sein. Sie kamen schwankend näher. An manchen hingen noch Haut- oder Fleischfetzen. Neben Fred ertönte ein spitzer Schrei. Polternd fiel der Topf mit dem Zuckerwerk zu Boden.

Der Teufel entblößte eine Reihe strahlend weißer Zähne.

„Nicht doch, meine Dame, die schönen Bonbons!"

Dann wandte er sich an Fred und bohrte ihm gnadenlos seinen krallenartigen Fingernagel tief in die Brust:

„Haben Sie das Halloweenhaus gekauft?" Das letzte, was Vivian sah, war ein Untoter, der die knöchrigen Hände nach ihr ausstreckte - dann versank sie in eine barmherzige Ohnmacht.

Am nächsten Morgen hing ein Schild vor dem Haus: For sale - Zum Verkauf!

„Jetzt, wo das Haus restauriert ist, können wir es sicher viel schneller verkaufen", sagte der Greis mit den blauen Augen zu der alten Frau, die gerade Äpfel in einen Korb sammelte. Ein zufriedenes Lächeln huschte ihr über das Gesicht. Schon bald würde sie wieder einen Apfelkuchen backen.

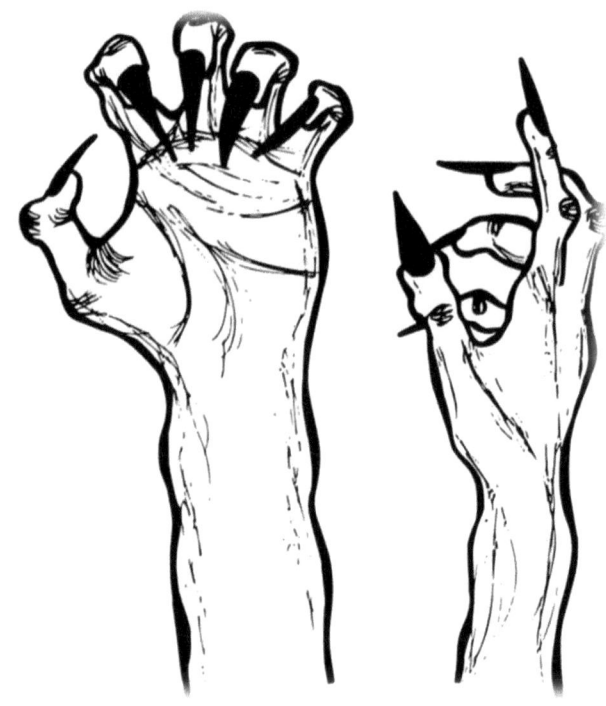

Halloweenkürbis selbst schnitzen

Halloween gilt als das Fest der Geister, Hexen und anderen Gruselgestalten. Es ist die gruseligste Nacht des Jahres und wird jährlich am 31. Oktober gefeiert.
Ausgehöhlte Kürbisse mit schauerlichen Gesichtern gehören zu Halloween einfach dazu. Sie werden auch "Jack-O-Laternen" genannt.

Sie brauchen:
- einen reifen, festen Kürbis (hier eignen sich gut Hokkaido-Kürbisse)
- einen Edding oder schwarzen Filzstift
- ein scharfes, dickes und ein schmales Messer
- einen großen Löffel zum Aushöhlen
- Haarspray
- eine kurze, dicke Kerze, ein großes Teelicht oder LED-Teelicht

Zuerst schneiden Sie mit einem großen Messer den Deckel des Kürbisses ab. Entweder zackig oder rund. So wie es Ihnen am besten gefällt.
Höhle Sie den Kürbis mit einem großen Löffel aus. Die Hülle sollte nachher noch einige Zentimeter dick sein, damit die Kürbislaterne stabil bleibt.
Nun müssen Sie sich ein Gesicht ausdenken, wie Ihr Kürbis aussehen soll. Böse und schaurig, lustig oder freundlich. Man sollte jedoch darauf achten, dass die Motive später mit dem Messer nicht zu schwierig auszuschneiden sind.
Dann werden die Konturen mit einem Edding oder schwarzen Filzstift auf den Kürbis gezeichnet.
Mit einem schmalen, scharfen Messer werden jetzt vorsichtig die Umrisse ausgeschnitten.

Zum Schluss wird dann die Kerze oder das Teelicht in den Kürbis gestellt und angezündet. Natürlich lässt sich auch ein LED-Teelicht verwenden. Kürbisdeckel drauf und fertig ist Ihre "Jack-O-Laterne". Für die Haltbarkeit kann man den Kürbis mit einer Schicht Haarspray einsprühen.

Kinder bitte nicht alleine schnitzen lassen!!!

Bastelideen für das gruseligste Fest des Jahres

Natürlich darf eine schaurig-schöne Deko auf einer Halloweenparty nicht fehlen.
Hier mal ein paar Basteltipps.
Viel Spaß dabei.

Spuklicht

Sie brauchen:
Farbige Plastikbecher
Wasserfesten Stift dünn in schwarz
Wasserfesten Stift dick in schwarz
LED-Flacker-Teelichter

Und so geht es. Viel Spaß beim Nachbasteln!

Malen Sie auf ein Blatt Papier ein paar Vorlagen, z.B. gruselige Gespenster- oder Kürbis-Fratzen.

Stellen Sie die Plastikbecher mit der offenen Seite nach unten auf den Tisch und zeichnen mit dem dünnen Stift die Umrisse der Vorlage darauf. Dann malen Sie sie mit dem dicken Stift aus.

Jetzt muss nur noch ein LED-Flacker-Teelicht drunter gestellt und angeschaltet werden. Fertig ist das Spuklicht.

Mumien-Windlicht

Sie brauchen:
Marmeladengläser in verschiedenen Größen
Mullbinden (pro Glas eine Mullbinde)
Wackelaugen selbstklebend
Schere
Alleskleber
LED-Teelichter

Und so geht es. Viel Spaß beim Nachbasteln!

Verteilen Sie den Kleber rundherum auf dem Glas.

Nun wird der Verband teils ordentlich, teils unordentlich um das mit Kleber benetzte Glas gewickelt. Wer möchte, kann auch einen zweiten Verband herumwickeln.

Zum Schluss werden die Augen aufgeklebt.

Jetzt muss nur noch ein LED-Teelicht hineingestellt und angeschaltet werden. Fertig ist das Mumien-Windlicht.

Geister

Sie brauchen:
Kastanien
Papiertaschentücher
Weiße Wolle
Wackelaugen oder schwarzer Filzstift
schwarzen Zwirn

Und so geht es. Viel Spaß beim Nachbasteln!

Wickeln Sie um die Kastanien zwei Papiertaschentücher und binden diese unterhalb mit der Wolle ab.

Oberhalb der Kastanien werden nun zwei Wackelaugen aufgeklebt oder mit dem Filzstift Gesichter aufgemalt.

Nun kann man den schwarzen Zwirn oben anbringen und die Geister aufhängen.

Spinnen

Sie brauchen:
Kastanien
Pfeifenreiniger in verschiedenen Farben
Wackelaugen
Kleber
Schere

Und so geht es. Viel Spaß beim Nachbasteln!

Schneiden Sie die Pfeifenreiniger in vier gleichlange Stücke. Danach werden diese Stücke nebeneinander gelegt und in die Mitte der Reiniger ein Klecks Kleber gegeben.

Jetzt legen Sie die Kastanie auf den Klebeklecks. Drücken Sie die Kastanie und Beine für einige Sekunden zusammen.

Wenn der Kleber fest ist, können die Beine ausgerichtet werden.

Nun nur noch die Wackelaugen auf die Kastanien kleben und fertig ist die Spinne.

Halloween-Särge

Für die Kelten bedeutete Halloween das Ende eines Jahres. Ein neuer Zeitabschnitt begann. Dies ist ein kleines Ritual.

Sie brauchen:
Schwarzes Tonpapier
Rotes oder weißes Tonpapier
Schere
Tesafilm
Klebstoff
Pergamentpapier
Wollfäden

Und so geht es.
Aus schwarzem Tonpapier werden der Sarg und ein passender Deckel noch vor Mitternacht ausgeschnitten. An den Ecken dann beide Teile ein Stück einschneiden und umbiegen, sodass Ränder entstehen, die nun mithilfe des Tesafilms oder Klebstoffs zusammengeklebt werden. Der Sarg sollte dabei etwas höher als der Deckel sein. Mit rotem oder weißem Tonpapier lässt sich der Sarg beliebig mit schaurigen Motiven verzieren.
Viel Spaß beim Nachbasteln!

Auf ein kleines Stück Pergamentpapier schreibt jetzt jeder auf, was er nicht mit in das neue Jahr hinübernehmen möchte, zum Beispiel Krankheit oder eine ungeliebte Eigenschaft, Person usw., rollt das Papier und bindet es fest mit einem Faden zusammen, bevor es endgültig in den Sarg gebettet wird.

Um Mitternacht kann man die Särge je nach Belieben entweder in einem feuerfesten Topf verbrennen oder in der Erde vergraben. Auf dass nichts Negatives oder Unerwünschtes mit in das neue Jahr hinübergelange!

Leseprobe aus „Geschichten aus dem Reich der Hexen, Elfen und Kobolde"

Christine Erdiç

Geschichten aus dem Reich der Hexen, Elfen und Kobolde

Buchbeschreibung:
Dieses Buch lädt den Leser mit seinen märchenhaften und lehrreichen Geschichten aus dem Reich der Hexen, Elfen und Feen zu einer Reise in die bunte Welt der Fantasie ein. Mit seinen lustigen Ausmalbildern ist es für Kinder ebenso geeignet, wie für all jene, die im Herzen jung geblieben sind.

Produktinformation:
Herausgeber:BoD – Books on Demand; 1. Edition (18. März 2014)
Sprache: Deutsch
Taschenbuch: 80 Seiten
ISBN-10: 3735790720
ISBN-13: 978-3735790729
Auch als E-Book erhältlich!

Leseprobe: Großmutters Geschichte

Der Herbst war gekommen, die Bäume schmückten sich mit einem rotgoldenen Kleid. Die Natur erstrahlte in einem geheimnisvollen Licht. Es war die Zeit um Halloween ... Samhain.

Großmutter saß gemütlich vor dem Kamin in ihrem Schaukelstuhl und erzählte uns Geschichten. Wir kauerten im Halbkreis zu ihren Füßen und lauschten atemlos.

„Vor vielen vielen Jahren gab es im Wald ein kleines Haus", begann Großmutter mit geheimnisvoller Stimme. „Niemand traute sich in seine Nähe, denn es gab das Gerücht, dass der, der es betritt für immer verschwunden bleibt. Nun also, es geschah an Halloween ..."

Das Holz im Kamin knisterte laut und ich fuhr zusammen.

„Erzähl doch weiter!", drängte mein kleiner Bruder schon ganz ungeduldig.

„Wie gesagt, es war Halloween...", fuhr Großmutter bedächtig und ungerührt fort.

„Wir Kinder hatten im Wald nach Tannenzapfen gesucht, als plötzlich seltsame Nebel aus dem Boden aufstiegen. Wir machten uns also ganz schnell auf den Weg nach Hause, aber schon bald konnte man in dem Gewaber die eigene Hand nicht mehr vor Augen sehen."

„Konntet ihr denn dann den Weg überhaupt finden?", unterbrach ich sie gespannt.

„Ich hatte das Gefühl, irgendwie im Kreis zu laufen und dann ... ja und dann verlor ich die anderen. Plötzlich irrte ich ganz allein durch den Wald und meine Rufe wurden vom Dunst verschluckt.

Und da war es plötzlich, direkt vor mir, das unheimliche Haus. Während ich noch dastand und überlegte, was ich tun sollte, ging die Tür auf und eine kleine krumme Gestalt kam heraus. Da war mir doch recht mulmig."

„Du bist doch nicht etwa hineingegangen?", fragte ich sie ganz entsetzt.

„Also, ich wollte weglaufen, aber ich stolperte und dann war auch schon die alte Frau bei mir. Sie half mir auf und brachte mich in die Behausung. Es war eigentlich nur ein einziger Raum, eine gemütliche Wohnküche mit einem großen alten Herd, auf dem ein Kessel mit Tee kochte. Sie gab mir von dem Getränk und seltsam geformte Kekse, die sahen wie Fledermäuse aus und schmeckten nach Anis. Dann sagte die alte Frau, dass es gefährlich sei, an Halloween so spät noch in den Wald zu gehen und dass ich meinen Geschwistern jetzt nachlaufen solle. Als ich vor die Tür trat, war der Nebel verschwunden und ich hörte meine Geschwister rufen. Es war, als ob inzwischen keine Zeit vergangen wäre, ja, als sei ich nie dort gewesen."

„Hast du die alte Frau denn jemals wiedergesehen?", wollte ich wissen.

„Manchmal bin ich ihr im Wald begegnet, aber ich war nie wieder in dem Haus um sie zu besuchen", sagte Großmutter nachdenklich und mit traurigem Blick.

„Das ist jetzt schon alles so lange her, sie wird wohl gar nicht mehr am Leben sein." Sie seufzte.

„Es waren übrigens mit Abstand die leckersten Kekse, die ich je gegessen habe."

Es klopfte leise.

„Was war das für ein Geräusch? Es kam dort vom Fenster her, glaube ich."

Mit vor Aufregung großen Augen schaute ich die anderen erwartungsvoll an.

Aber niemand außer mir hatte etwas gehört. Und so hing jeder von uns seinen eigenen Gedanken nach. Ich versuchte, mich auf mein Buch zu konzentrieren, doch Großmutters Geschichte ließ mich irgendwie nicht mehr los.

Später, als endlich alle schlafen gegangen waren, öffnete ich neugierig das Fenster und schaute nach. Da stand doch tatsächlich ein kleiner Teller mit frischen Keksen auf dem Fensterbrett, sie sahen wie gebackene Fledermäuse aus und dufteten köstlich nach Anis.

„Für Großmutter …", flüsterte ich. „Danke, alte Frau."

© Christine Erdiç

Leseprobe aus „Unheimliche Geschichten"

Buchbeschreibung:

Aberglauben hatte stets seinen festen Platz in der menschlichen Gesellschaft. Tief verwurzelt scheint die Angst vor schwarzen Katzen, die von links unseren Weg überqueren, der Zahl 13 sowie Freitag dem Dreizehnten zu sein. Ebenso soll es Unglück bringen, unter einer Leiter hindurchzugehen oder einen Spiegel zu zerbrechen. Daher ist es also kein Zufall, dass dieses Buch genau 13 unheimliche Geschichten, eine schwarze Katze und einen Spiegel enthält. Wirken Flüche wirklich oder nur, wenn man an sie glaubt? Existieren Aliens und Zeittore ausschließlich in unserer Fantasie? Was ist möglich oder unmöglich, Wahrheit oder Fiction? Das müssen Sie, lieber Leser und liebe Leserin, selbst herausfinden. Doch Vorsicht! Verlieren Sie sich nicht zwischen den Zeilen dieses Buches.

Produktinformation:
Herausgeber: Independently published (11. April 2019)
Sprache: Deutsch
Taschenbuch: 116 Seiten
ISBN-10: 1093338334
ISBN-13: 978-1093338331
Auch als E-Book erhältlich!

Leseprobe: Das Haus im Sumpf

Das Haus war uralt. Die Holztür hing schief in den Angeln, und eine marode Wendeltreppe führte von der düsteren Halle ins erste Stockwerk hinauf. Es roch überall nach Fäulnis und Moder.

„Das hat Tante Emma dir hinterlassen? Das ist dein Erbe?", fassungslos sah Marco seine Frau an.

Lisa nickte und schaute sich mit großen Augen um. „Natürlich müsste man hier einiges restaurieren …"

„Restaurieren? Der ganze Kasten ist Schrott, den kann man nur noch abreißen! Erzähl mir nicht, sie hat hier gewohnt!"

„Doch. Sie hat hier Seancen abgehalten, sagt man", antwortete Lisa ehrfurchtsvoll. Marco lief ein Schauder über den Rücken. Danach sah das Haus auch aus.

„Hier und da ein bisschen Farbe, die Treppe stabilisieren - das bekommen wir schon hin." Lisa steckte voller Energie und war fest entschlossen, das in Angriff zu nehmen.

Marco holte sie auf halber Treppe ein. Es knarrte verdächtig.

„Wir sind zu schwer …", brachte er noch heraus, bevor das morsche Holz nachgab.

„Lisa!" Die Treppe brach unter ihm weg, und er stürzte polternd zu Boden. Lisa hangelte sich hoch. Komischerweise hielt der obere Teil ihr

Gewicht, und sie erreichte tatsächlich den ersten Stock. Großartig! Dort unten lag Marco seltsam verkrümmt. Ein Fuß steckte noch in einem Stück der vermoderten Stufe. Sie, Lisa, war oben und konnte nicht hinunter, um nach ihm zu schauen. Was, wenn er sich das Genick gebrochen hatte?!

„Marco, bist du okay?" Keine Antwort. Panisch sah sie sich um. Es gab keinen anderen Weg nach unten. Das Handy! Atemlos tippte sie eine Nummer ein … Nichts … Kein Empfang.

Vorsichtig und auf allen Vieren bewegte sie sich vorwärts. Nicht, dass sie auch noch einsackte! Es gab drei Türen. Spontan entschied sie sich für die mittlere und drückte langsam die Klinke herunter. Ein dunkler alter Schrank, ein Schaukelstuhl … bekannte Bilder. Wie in dem Traum, der seit Jahren immer wiederkehrte.

Das offene Fenster war direkt gegenüber der Tür, ein Butzenfenster, es wunderte sie nicht. In ihrem Traum hatte sie eine Schranktür nach der anderen geöffnet, auf der Suche nach etwas, das sie nie fand. Dann war sie zum Fenster gegangen und hatte im letzten Moment einen Blick in den wunderschönen Garten mit vielen Obstbäumen werfen können, bevor der alte Holzboden unter ihr nachgab und sie aufwachte. So war es jedes Mal gewesen. Nie hatte sie das Fenster erreicht oder herausgefunden, wonach sie eigentlich suchte.

Doch diesmal würde es anders sein. Sie wollte nicht erst lange forschen, sondern direkt zum Fenster gehen. Vorsichtig tastete sie sich an der Wand entlang, die Mitte des Raumes meidend. Geschafft! Jetzt war das Ziel ganz nah. Aufatmend sah sie hinaus. Doch da war kein blühender Garten, kein Baum, an dem sie herunterklettern konnte. Dort unten war Sumpf. Brodelnd und nach Verderben riechend. Wabernde Schatten lagen über braunem Morast. Grüne Lichter begannen zu glimmen, und - nein das konnte nicht sein, es wurde langsam dunkel. Sie waren doch am frühen Morgen losgefahren. Wie konnte es dann jetzt schon dämmern?

Lisa schlug die Hände vor das Gesicht. Es war nur ein böser Traum, der schlimmste Albtraum, den sie je hatte.

„Na, mein Mädel, kommst du mich besuchen? Heute, in der Nacht der Toten, wo die Wände zwischen den Dimensionen durchsichtig werden? Hihihi …" Lisa fuhr herum. In dem vorhin noch leeren Schaukelstuhl saß ein Geist oder ein Gespenst. Eine alte Frau mit langen, unordentlichen weißen Haaren sah sie aus rotglühenden Augen an.

„Aber an einem anderen Tag hättest du mich ja auch nicht gefunden, und all deine Liebesmüh wäre vergeblich gewesen."

„Tante Emma, was …", zitternd sah Lisa die alte Frau, die sie nur von Fotos kannte, an.

„Jaja, mein Kind. Man muss wohl erst tot sein und etwas vererben, damit sich die liebe Verwandtschaft an einen erinnert", kicherte die Greisin.

„Schau nur aus dem Fenster. Es ist meine Welt, die ich erschuf, meine Geister, die ich rief. Dein Erbe, hihihi. Gebiete über sie, du hast die Macht."

„Ich will die Macht nicht, Tante, ich will das Erbe nicht! Unten liegt mein Mann, er ist verletzt oder … tot ... ich muss Hilfe …", ihre Stimme brach.
„Du schlägst das Erbe aus? Ein Imperium, das ich schuf?" Der Schaukelstuhl begann, wie wild zu schaukeln.

„Tante Emma! Ist Marco tot?"

Ein irres Lachen ertönte.

„Du bist von meinem Blut, schwarzem Blut! Überlege gut, was du aufgibst. Dieses Haus ist wieder ein Palast, sobald du das Erbe antrittst. Dieser Mann, er würde dir nur im Wege sein. Er gehört nicht zur schwarzen Familie."

Lisa sah über das Moor, die Schatten hatten Formen angenommen, die grünen Irrlichter wurden zu Augen. Ja, ihre Familie … vor Jahren hatte sie den schwarzen Künsten abgeschworen und sich für die Welt derer entschieden, die keine magischen Fähigkeiten hatten. Es kam zum Bruch mit ihrer Sippe, die seitdem versuchte, sie wieder zurückzuholen. „Er ist der Preis, den du zahlen musst, wenn du dich gegen uns entscheidest … hihihi. Überlege gut."

„Er lebt also noch! Ich habe mich längst entschieden! Ich werde den schwarzen Mächten nie wieder dienen!", Lisa war plötzlich ganz ruhig.

„Dann wird er sterben!", kreischte Tante Emma.

„Nein, das wird er nicht. Du hast keine Gewalt über mich, und das weißt du auch! Wenn ich gewusst hätte, was du für ein übles Spiel treibst, wäre ich nie hierhergekommen!"

„Gib es zu, du konntest der Verlockung nicht widerstehen. Du musstest ja unbedingt sehen, was ich dir vermache. Suchst du noch immer nach der Wahrheit in dem dunklen Schrank?" Die alte Frau lachte gehässig.

„Gold und Ruhm waren dir ja immer egal, aber das Wissen nie. Du wirst Wissen und Weisheit erlangen, mein schönes Kind. Der Schrank ist dein, mit allem was darin ist."

„Ich brauche ihn nicht! Geh zurück in dein Reich!" Blitzschnell hatte Lisa den Schaukelstuhl ergriffen und aus dem Fenster geworfen. Er schien kaum Gewicht zu haben. Schattenhafte Arme griffen nach Tante Emma und rissen sie in die Tiefe. Ungerührt sah sie zu, wie der Geist ihrer Tante samt Stuhl im Sumpf verschwand. Das letzte, was sie sah, waren ihre weitaufgerissenen roten Augen und das wirre Haar.

Von unten kam eine schwache Stimme.

„Marco?!"

„Ich habe schon Hilfe angefordert. Zum Glück hat das Handy beim Sturz nichts abbekommen. Aber ich kriege den Fuß nicht aus dem verdammten Holz heraus! Hast du da oben was gefunden?"

„Du wirst mir nicht glauben, was!" Lisa lachte befreit auf. Sie würde das alte Haus verbrennen, damit dem Spuk ein Ende setzen und Tante Emma nie wieder sehen. Das hoffte sie zumindest.

© Christine Erdiç

Leseprobe aus „Luhg Holiday“

Buchbeschreibung:
Dieser Sammelband vereint zwei spannende Geschichten:
Willkommen im Luhg Holiday
Als Familie Kohlmann wegen eines vorausgesagten Schneesturms ganz spontan im Hotel Luhg Holiday einkehrt, ahnt sie noch nicht, was sie dort erwartet. In dem alten unheimlichen Haus scheint nichts mit rechten Dingen zuzugehen, und schon bald finden sich die drei Kinder und ihre Eltern im unglaublichsten Abenteuer ihres Lebens wieder.
Auf Wiedersehen im Luhg Holiday
Auf einer Urlaubsreise in den Süden fahren Sabrina, Gudrun und Betty im Nebel gegen einen Baum und müssen im Luhg Holiday einkehren. Das Hotel hat sich verändert, denn es sind 7 Jahre vergangen, seitdem Sabrina mit ihrer Familie dort unfreiwillig ihre Ferien verbrachte.

Wer ist der nette junge Mann, der sich nach dem Unfall so rührend um sie kümmert und doch ein düsteres Geheimnis mit sich trägt? Und was ist aus den Ghulen geworden, die das Luhg Holiday verwalteten? Ein spannendes Abenteuer wartet auf die Freundinnen. Werden sie der Gefahr entkommen, die dort hinter den düsteren Mauern auf sie lauert? Eine Gruselkomödie der Sonderklasse und ein besonderes Lesevergnügen für die ganze Familie.

Produktinformation:
Herausgeber: BoD – Books on Demand; 1. Edition (20. Dezember 2016)
Sprache: Deutsch
Taschenbuch: 128 Seiten
ISBN-10: 3743152622
ISBN-13: 978-3743152625

Leseprobe:
Vorsichtig bewegten wir uns auf die Kellertür zu. Sie quietschte ein wenig beim Öffnen. Es war gut, dass inzwischen vereinzelte Fackeln an den Wänden das alte Kellergewölbe schwach beleuchteten, denn natürlich hatten wir keine Taschenlampen dabei. Ab und zu huschte etwas an unseren Füßen vorbei. Betty unterdrückte einen spitzen Schrei, und ich sah sie warnend an. Da waren die Regale mit Konserven, noch immer hingen Würste und Schinken von der Decke herab, die alten Kisten mit Büchern, Schmuck und den Kostümen, die zu besonderen Anlässen hervorgeholt wurden. Was hatten wir für einen Spaß damals als Kinder, als wir hier auf Schatzsuche gingen. Weiter hinten, um die nächste Ecke herum, würde uns der Erdhaufen mit den eingebuddelten Vorräten der Ghule erwarten. Oh ja, ich kannte mich noch immer aus hier. Im Gegensatz zum Erdgeschoss hatte sich im Keller nicht viel verändert. Aber wo waren die Särge mit den Vampiren? Sollten die etwa

nicht standesgemäß in den alten Kisten schlafen? Zur Probe öffnete ich eine, doch es befanden sich nur Bücher darin.

Plötzlich fiel mir der andere Gang ein, durch den wir in der Nacht der Aufführung gelaufen waren.

„Wir müssen zurück, Betty", raunte ich und gab ihr einen kleinen Schubs. Verdutzt schaute sie mich an. Ihre Erinnerungen waren ausgelöscht, aber meine nicht.

Ich fand den Gang direkt neben den Regalen. Er wand sich leicht ansteigend zum Ausgang, der durch eine Tür verschlossen war. Und nun? Ratlos sah ich Betty an. Hier war nichts. Enttäuscht machten wir uns auf den Rückweg.

Betty trat auf etwas Weiches und schrie auf. Erschrocken hielt ich ihr die Hand vor den Mund.

„Eine Ratte", wisperte sie entsetzt und schüttelte sich.

„Das kann gut sein, mach bloß keinen Lärm jetzt. Das arme Tier war bestimmt genauso erschrocken wie du. Schließlich bist du auf sie draufgetreten und nicht umgekehrt." Ich wollte mich abstützen, aber meine Hand griff ins Leere. Das heißt, der Vorhang, der den dahinter liegenden Raum vom Gang trennte, hielt meinem Gewicht nicht stand, und fast wäre ich gefallen. Staunend betraten wir eine unterirdische Halle, die nur von drei Fackeln an den Wänden schwach beleuchtet wurde.

Nebeneinander standen dreizehn Särge aus glänzendem schwarzem Holz. Einige waren geöffnet und mit rotem Samt ausgelegt. Fünf von ihnen waren jedoch geschlossen. Ich hielt den Atem an. Wir waren am Ziel.

„Soll ich?" wisperte ich. Betty schüttelte panisch den Kopf. Typisch, dabei war sie es doch, die hierher kommen wollte. Entschlossen öffnete ich den Deckel des Sarges, der mir am nächsten stand.

„Schau nur, wie süß", entfuhr es mir. Da lag Oliver in tiefem Schlummer auf Samt gebettet, und sein Haar leuchtete im Schein der Fackeln. Er hatte sich zur Seite gerollt und sein Daumen steckte noch im Mund. Vorsichtig schloss ich den Deckel wieder.

Betty war nun auch mutig geworden und öffnete den nächsten Deckel. Fasziniert beugten wir uns über den offenen Sarg. Auf dunkelblauer Seide lag der Graf von Drachenfels und schlief. Verzückt betrachtete meine Freundin sein markantes Gesicht.

In diesem Moment hörte ich ein Geräusch. Es war ein Rascheln, doch nicht das eines Nagetieres. Vorsichtig schlich ich hinüber und griff zu.

„Damien", zischte ich verärgert und zerrte den Jungen hinter einem leeren Sarg hervor.

Betty fuhr zusammen und ließ den Sargdeckel fallen. RUMMMMS! Mit einem lauten Knall fiel der Deckel auf den Sarg zurück. Entsetzt sahen wir drei uns an.

„Nichts wie weg hier", rief ich mit unterdrückter Stimme. Nicht auszudenken, wenn die Vampire nun aufwachten und uns verfolgten. Das Bild blutrünstiger Fledermäuse erschien vor meinen Augen.

„Hier entlang", sagte Damien leise und wies auf den schmalen Gang, der bergauf führte.

Ich verstand: Im Kellergewölbe hätten wir geringere Aussicht, unseren Verfolgern zu entkommen. Atemlos erreichten wir die Tür. Was, wenn sie nun verschlossen war? Zu meiner Erleichterung ließ sie sich ganz leicht öffnen, und dann standen wir aufatmend im hellen Sonnenlicht. Wir waren in Sicherheit.

„Damien, was hattest du im Keller bei den Vampiren verloren?", fragte ich streng. Der Kleine trat verlegen von einem Fuß auf den anderen. Dann schaute er mich mit seinen schwarzen Augen an und lächelte verschmitzt.

„Sabrina, es ist unser Keller, wie du weißt. Aber was hattet ihr dort eigentlich zu suchen?" Noch ehe ich ihm antworten konnte, war er auf und davon. Einfach verschwunden. Wir beschlossen, so lange es ging, in der Sonne zu bleiben. Doch der Abend nahte unaufhaltsam mit jeder Sekunde, und irgendwann würden wir den Vampiren gegenüberstehen …

© Christine Erdiç

Autorenprofil Britta Kummer

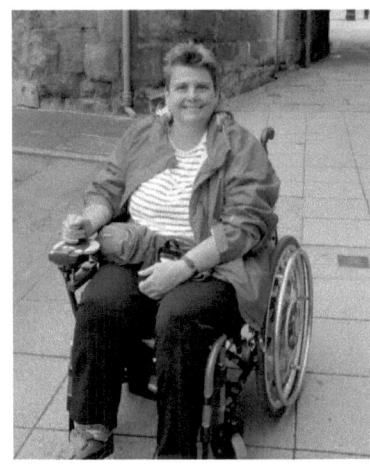

Britta Kummer wurde 1970 in Hagen (NRW) geboren. Heute lebt sie im schönen Ennepetal und ist gelernte Versicherungskauffrau.

Die Freude am Schreiben hat sie im Jahre 2007 entdeckt und seit dieser Zeit bestimmt es ihr Leben.

Sie schreibt Kinder-, Jugend- und Kochbücher. Zusätzlich gibt es auch zwei Bücher zum Thema MS. Diese sind aber keine Fachbücher über die Krankheit MS (Multiple Sklerose), sondern die MS-Geschichte der Autorin.

Mehr Infos unter:
https://brittasbuecher.jimdofree.com/

Bücher der Autorin:
Nepomuck und Finn: Abenteuer in Norwegen, ISBN: 978-3-7562-3240-6
Nepomucks und Finns Backstube, ISBN: 978-3-7543-7358-3
Nepomuck und Finn: Mission Umweltschutz, ISBN: 978-3-7519-9747-8
Ostern mit Nepomuck und Finn, ISBN: 978-3-7504-0772-5
Weihnachten mit Nepomuck und Finn, ISBN: 978-3-7448-9014-4
Neue Abenteuer mit Nepomuck und Finn, ISBN: 978-3-7494-5428-0
Willkommen zu Hause, Amy Teil 1 und 2, ISBN: 978-3-7568-9839-8
Pferde erzählen, ISBN: 978-3-9611-1618-8
Zac und der geheime Auftrag, ISBN: 978-3-9611-1668-3
Kochspaß mit Mäuserich Finn, ISBN: 978-3-7568-5528-5
Die Abenteuer des kleinen Finn - eine spannende Mäusegeschichte für die ganze
Familie, ISBN: 978-3-7534-9967-3
Kummers Kindergeschichten, ISBN: 978-3-7386-0100-8
Kummers Kindergeschichten 2, ISBN: 978-3-7392-3824-1
Kleine Mutmachgeschichten, ISBN: 978-3-9030-5644-2
Gedankenkarussell – Eine literarische Reise, ISBN: 978-3-7392-4553-9
Mein Leben mit MS, ISBN: 978-3-9030-5642-8
Mein Leben mit MS 2, ISBN: 978-3-9654-4078-4
Weihnachtsgeschichten … und noch mehr, ISBN: 978-3-7386-4553-8
Kummers süße Verführungen, ISBN: 978-3-7562-2368-8
Kummers vegetarische Köstlichkeiten – einfach nur lecker,
ISBN: 978-3-7562-0691-9
Vegetarisches Grillvergnügen – so einfach geht's, ISBN: 978-3-7526-8395-0
Köstlich vegetarisch - Meine Lieblingsgerichte ISBN: 978-3-7519-9382-1
Vegetarisch für die ganze Familie, ISBN: 978-3-7448-9344-2
Kummers Suppentöpfchen, ISBN: 978-3-7386-1124-3
Kummers Schlemmerkochbuch - das etwas andere Kochbuch!,
ISBN: 978-3-7534-4391-1
Vegetarische Weltreise, ISBN: 978-3-7528-3915-9
Vegetarisch für Jedermann [Kindle Edition], ASIN: B079YGP512
LIES MICH ! - Leseproben aus tollen Kinderbüchern [Kindle Edition],
ASIN: B096YZ5VDN
KOCH MICH ! – Rezeptideen aus Kochbüchern und brandneue Rezepte,
[Kindle Edition], ASIN: B0BLQJCBNV

Autorenprofil Christine Erdiç

Christine Erdiç wurde 1961 in Deutschland geboren. Sie interessierte sich von frühester Kindheit an für Literatur und Malerei. Schon damals verfasste sie oft kleine Geschichten und Gedichte, die sie jedoch nie veröffentlichte.

Nach dem Abitur war sie in unterschiedlichen Bereichen tätig und reiste viel. Seit 1986 ist sie verheiratet, hat zwei Töchter und lebt seit dem Millennium in der Türkei.

Unter anderem gab sie Sprachtraining an der Universität von Izmir, machte Übersetzungen und verfasste Berichte für die Türkische Allgemeine, eine ehemalige Zeitschrift in deutscher Sprache, und gibt private Deutschstunden.

Mehr Infos unter:
Bücher- und Koboldecke
https://christineerdic.jimdofree.com/

Reisetipps und Literatur
https://literatur-reisetipps.blogspot.com/

Bücher der Autorin:
Nepomuck und Finn: Abenteuer in Norwegen, ISBN: 978-3-7562-3240-6
Nepomucks und Finns Backstube, ISBN: 978-3-7543-7358-3
Nepomuck und Finn: Mission Umweltschutz, ISBN: 978-3-7519-9747-8
Ostern mit Nepomuck und Finn, ISBN: 978-3-7504-0772-5
Weihnachten mit Nepomuck und Finn, ISBN: 978-3-7448-9014-4
Neue Abenteuer mit Nepomuck und Finn, ISBN: 978-3-7494-5428-0
Nepomucks Märchen, ISBN: 978-3-7460-1926-0
Mit Nepomuck auf Weltreise, ISBN: 978-3-7557-1710-2
Nepomucks Abenteuer, ISBN: 978-3-9030-5618-3
Geschichten aus dem Reich der Hexen, Elfen und Kobolde,
ISBN: 978-3-7357-9072-9
Kleine Mutmachgeschichten, ISBN: 978-3-9030-5644-2
Zauberhafte Gerichte aus der Koboldküche, ISBN: 978-3-7357-9215-0
Das Leben ist ein Arschloch - und ich stecke mittendrin, ISBN: 978-3-7481-9424-8
Der Schrei der Elster, 978-3-7534-1639-7
Unheimliche Geschichten, 978-1-0933-3833-1
Endstation Anatolien, ISBN: 978-3-7528-9711-1
Nutze dein Potenzial, ISBN: 978-3-7543-7328-6
Mystica Venezia, ISBN: 978-3-9030-5670-1
Luhg Holiday, ISBN: 978-3-7431-5262-5
Glücksschmiede: Tipps für mehr Glück und Erfolg [Kindle Edition],
ASIN: B00P9XA8UU
Willkommen im Luhg Holiday [Kindle Edition], ASIN: B00SVGYD12
Auf Wiedersehen im Luhg Holiday [Kindle Edition], ASIN: B01N1PU8DP

Danke

Ein besonderer Dank gilt unserer lieben Autorenfreundin Heidi Dahlsen, die uns stets mit Rat und Tat zur Seite steht.

Bücher der Autorin:
Sinfonie der Herzen, ISBN: 978-1-9832-6824-3
Seelenqual mit HappyEnd: Mein KAMPF gegen KREBS!!!, ISBN: 978-3-7467-0584-2
ElfenZauberei, ISBN: 978-3-7467-0437-1
Lebt wohl, Familienmonster, ISBN: 978-3-7467-0585-9
Gefühlslooping, ISBN: 978-3-7467-064-67
Alles wird gut … , ISBN: 978-3-7467-0754-9
Ein Hauch Zufriedenheit, ISBN: 978-3-7467-0729-7
Hoffnungsschimmer, ISBN: 978-3-7467-0951-2
Kampfansage, ISBN: 978-3-7467-0435-7
Kleine Mutmachgeschichten, ISBN: 978-3-9030-5644-2
Borderline: Der Tod spielt mit uns Katz und Maus, ISBN: 978-3-7427-9670-7
Harmonie zur Weihnachtszeit, ISBN: 978-1-7239-6156-4
Alles wird gut ... (Gesamtausgabe Band 1 bis 4), [Kindle Edition], ASIN: B01A9PUB9K

Mehr Infos über Heidi Dahlsen gibt es auf ihrer Webseite. Ein Besuch lohnt sich.

https://autorin-heidi-dahlsen.jimdofree.com/

FSC
www.fsc.org

MIX

Papier aus ver-
antwortungsvollen
Quellen
Paper from
responsible sources

FSC® C105338